如何做好一个决策
斯坦福商业决策课

[美] 卡尔·斯佩茨勒（Carl Spetzler）| 汉娜·温特（Hannah Winter）| 珍妮弗·迈耶（Jennifer Meyer）/著 张 源/译

DECISION QUALITY
Value Creation from Better Business Decisions

CNS 湖南文艺出版社 HUNAN LITERATURE AND ART PUBLISHING HOUSE 博集天卷 CS-BOOKY

图书在版编目（CIP）数据

斯坦福商业决策课 /（美）卡尔·斯佩茨勒（Carl Spetzler），（美）汉娜·温特（Hannah Winter），（美）珍妮弗·迈耶（Jennifer Meyer）著；张源译 . —长沙：湖南文艺出版社，2017.5
书名原文：DECISION QUALITY: VALUE CREATION FROM BETTER BUSINESS DECISIONS
ISBN 978-7-5404-8063-9

Ⅰ . ①斯… Ⅱ . ①卡… ②汉… ③珍… ④张… Ⅲ . ①商业经营 – 经营决策 – 通俗读物 Ⅳ . ①F715.1-49

中国版本图书馆 CIP 数据核字（2017）第 085040 号

著作权合同登记号：图字 18-2017-017

上架建议：经济管理

SITANFU SHANGYE JUECE KE
斯坦福商业决策课

著　　者：［美］卡尔·斯佩茨勒　汉娜·温特　珍妮弗·迈耶
译　　者：张　源
出 版 人：曾赛丰
责任编辑：薛　健　刘诗哲
监　　制：蔡明菲　邢越超
特约策划：李　荡
特约编辑：汪　璐
版权编辑：闫　雪
营销编辑：姚长杰　李　群　张锦涵
封面设计：姜利锐
版式设计：潘雪琴
出版发行：湖南文艺出版社
（长沙市雨花区东二环一段 508 号　邮编：410014）
网　　址：www.hnwy.net
印　　刷：北京鹏润伟业印刷有限公司
经　　销：新华书店
开　　本：700mm × 1000mm　1/16
字　　数：188 千字
印　　张：18
版　　次：2017 年 5 月第 1 版
印　　次：2017 年 5 月第 1 次印刷
书　　号：ISBN 978-7-5404-8063-9
定　　价：49.00 元

质量监督电话：010-59096394
团购电话：010-59320018

本书所获赞誉

没有人像卡尔·斯佩茨勒及他的SDG（战略决策集团）团队一样，为如此多的企业提供高风险战略决策指导。如果你想寻找如何在公司中做出更优决策的智慧，那你来对了。

——**奇普·希思和丹·希思**，畅销书《让创意更有黏性》《决断力》合著者

多年来，我一直是优质决策（decision quality，DQ）方法的忠实粉丝。我试着与一起工作的分析师和工程师分享这种方法，因为我们经常在没有足够关注问题框架的情况下分析复杂问题、管理不确定性、全程参与公司活动。优质决策框架是咨询师、技术专家及项目经理在工作中实现最大功效的绝佳指南。

——**托马斯·奥拉夫森**，博士，谷歌运营决策支持主管

这本书中描述的执行优质决策过程应该成为所有公司和领导的“新准则”。不管是否复杂，关于产品、服务或人力资本方面的决策都会涉及如何处理不确定性及检验假设。本书提供了完美框架，帮助我们完成这一关键任务，并且做出营造公司环境、建立企业文化的最佳选择，激发最佳表现和创新。

——**希纳·戈尔曼**，“最佳雇主协会”前CEO

这本书从始至终都在强调优质决策所带来的商业效益。作者提供了一些可行性方法，领导者可以按照这些方法检查观念中根深蒂固的偏见，带领公司创造更多价值。

——**菲利普·E.泰洛克**，博士，畅销书《超预测》作者

做出正确决策对每个公司来说都是至关重要的。本书中，卡尔·斯佩茨勒及其同事展示的框架使那些非常棘手且看似复杂的决策变得严谨且优质。对我来说，这是每一个领导者的“必读书”。

——**杰拉德·柯慈雷**，沃达丰集团董事长

真正的优质决策是难以捉摸的，但它对公司的影响是巨大的。在这本书中，作者传递了一种能够给个人和商业决策带来直接积极影响的方法和哲学。能以如此浅显易懂的文字做到这一点的书的确很少见。买下这本书就是一系列优质决策的第一个！

——**安德鲁·埃文斯**，工商管理硕士，任职于联合利华，
“决策专业人士协会”会员

一种非常实用、迫切需要的系统方法，将不确定性融入我们所问的问题及所寻找的答案。他们的策略展示了如何在不知道或不依赖结果的情况下判断自己的决策质量，结果可能是真实决策过程的反映，也可能不是。

——**罗伯特·A.伯顿**，医学博士，畅销书《人类思维中最致命的错误》作者

卡尔·斯佩茨勒研究如何提高商业决策质量已经有半个世纪了。任何希望做出更优商业决策的人都会从这本书中获益良多。

——**罗纳德·A.霍华德**，理学博士，斯坦福大学工程学院教授

优质决策是长期以来最常被忽视的价值源头之一。本书描述了公司及个人可以用来提高决策质量，进而提升自己的价值的一系列原则和技巧。对所有希望改善自己或公司决策的人来说，这是一本非常实用的指南。

——**乔·梅尔文**，工商管理硕士，任职于基因泰克公司

优质决策带着我们回归起点。数十年来，我们一直关注“执行”，而本书是一本实用、生动的启蒙读物，教导我们一开始就从正确的决策出发。

——**理查德·惠廷顿**，牛津大学赛德商学院博士

简而言之，这本书提供了用于提高决策质量的清晰框架，而且绝对有效。我们在NCI建筑系统公司内采用了这一框架，因为它可以促进公司的协作文化，帮助我们创造价值，同时避免错误。

——**诺曼·C.钱伯斯**，NCI建筑系统公司董事长、总裁兼CEO

作者在本书中非常出色地解释了优质决策的本质，是所有人的“必读书”。他们将自己丰富的人生经历和决策经验编入其中，帮助读者认识到决策是可以改善的，优质决策可以创造价值。

——**阿里·E.阿巴斯**，南加利福尼亚大学博士，
跨学科决策和伦理中心（DECIDE）主任

本书描述了执行优质决策过程中可能产生的许多积极的职业和个人影响。最重要的是，它通过密切关注并重视与决策相关的多个方面来实现这一点——尤其是经常因不同文化信仰和情感观念而产生的偏见。我向所有希望提高决策技巧的人推荐

这本书。

——**保罗·斯洛维奇**，俄勒冈大学博士，决策研究公司总经理

我在能源部门的许多复杂情况中应用 SDG 的优质决策过程已经有 20 多年了，并且因此优化了结果，创造了数十亿美元的价值。SDG 的优质决策过程真的很有效。

——**哈罗德·“哈尔”·N. 克维斯勒**，工商管理硕士，横加公司前 CEO，塔里斯曼能源股份有限公司前 CEO

我的患者支持项目就应用了这本书中列出的优质决策原则来指导数千患者做出生死抉择。大量研究，包括随机对照试验，都已经体现出这样做给患者带来的好处。与常规护理相比，利用这一技巧的患者了解更多信息，对自己决策的参与度更高，并且得到的结果也更好。作为团队领导，我也在使用优质决策。这是一个你可以在公司、人际关系及个人生活中使用的认知框架。在推动优质决策领域发展方面，没有人比卡尔·斯佩茨勒及他 SDG 的同事付出得更多。优质决策将成为优质运动的下一个前沿阵地。读这本书，努力掌握自己的未来。

——**杰夫·贝尔科拉**，博士，加利福尼亚大学旧金山分校外科与健康政策副教授

我非常荣幸地推荐这本书，因为我是优质决策的直接受益者——这本书就是优质决策的终极参考，它的作者都是本领域的领导者。

——**易卜拉欣·奥尔默贾**，博士，任职于沙特阿美石油公司投资管理公司

我会把这本书放在书架上最显眼的位置。在商业管理和领导中，没有什么比成为优质决策的拥护者更重要。改革型领导围绕自己的直觉感受及任何可用的经验证据做决策。这本书里说的都非常准确。你现在要做的最好决策就是买下这本书，好好学习，然后转化为对自己及公司的宝贵行动。

——**尼克·邦蒂斯**，麦克马斯特大学博士，“知识资本研究中心”主任

任何领导者面临的挑战之一就是创造一个可以一致做出优质决策的环境。本书适合所有希望在公司中集合优质决策构建模块做出决策的人。在我看来，这本书应该成为那些在复杂环境中工作的人的必读书，在那种环境下，必须有对形成优质决策原则的清晰指导。

——**吉姆·维盖特**，碧碧女装公司前 CEO，丝芙兰前 CEO

在我任期内，雪佛龙所有的重大决策都应用了优质决策——就是因为它确实有效。决策初期，讨论框架制定得好，会有许多好处。

——**戴维·J. 奥赖利**，雪佛龙公司前董事长兼 CEO

我非常尊重 SDG 这家公司——现在，知道这本书是由 SDG 团队的三名成员合著的，我对他们的尊重更胜以往。这本书提供了简单而全面的决策框架，解释了实践中为什么人力资源专家可能会将公司内某个问题视为人力问题，而工程师可能将同样的问题视为一系列技术问题等。最重要的是，本书展示了如何在各职能部门之间达成优质决策，并使其成为连接各部门的桥梁——这是公司取得竞争优势所必须了解的。

——**德布拉·恩格尔**，理学硕士，“未来研究所”董事会成员，
硅谷新兴企业高级管理顾问

我们都很容易陷入陷阱和偏见，导致做出有问题的决策。不管是私人决策还是企业决策，本书中描述的框架、原则和实践确实可以提高决策质量。

——**彼得·雷**，工商管理硕士，全球制药公司副总裁

本书作者所著的内容完美地体现了 C. 韦斯特·丘奇曼的那句话：“信息的价值在于利用……而非搜集。”本书帮助他人在决策过程中明智地利用信息。凭我个人的经验，我可以说，这种清晰缜密的方法可以为那些经验不足或决策能力不足的人提供一个对企业决策过程做出贡献的机会。

——**文森特·巴拉巴**，市场洞察力公司董事长兼联合创始人，
通用汽车公司企业战略和知识发展部前总经理

优质决策对改善公司选择战略有重大贡献。它的贡献远远超出我在其他有关战略的书籍中看到的各种技能。通过这本书，读者可以从三位本领域的著名专家那里学到优质决策框架和过程。

——**史蒂夫·加拉蒂斯**，工商管理硕士，全球制药公司资产战略部主管

我已经见证了优质决策如何改变个人生活和企业。从高管办公室到家庭餐桌，我知道这些原则确实有效。

——**拉里·尼尔**，独立决策专家，雪佛龙公司前决策分析经理

一本见解深刻的书。读者了解到决策是一个过程——而不是一瞬间的事。此外，读者通过真实案例体验制定更优决策的“艺术与科学”。在我的职业生涯中，我一直是优质决策的拥护者，我想说这本书真该早点出现。

——**詹姆斯·朗**，决策资源集团（DRG）CEO

本书中讨论的优质决策方法和框架对非营利组织来说尤其重要，因为它们一直在努力用有限的资源实现最大社会目标。本书提供的是做出最佳决策的关键技能——尤其是对那些几乎不“允许”出现任何误差的人。

——**阿米·巴特森**，工商管理硕士，PATH 首席战略官

1987 年，卡尔·斯佩茨勒和 SDG 团队向我介绍了优质决策过程。我已经在许多复杂的、不确定的情况中应用过优质决策原则。这本书是战略决策者的必读书。

——**萨德·“波”·史密斯**，史密斯全球服务董事长兼 CEO

如今，企业中的数据大爆炸、快速变化及高度不确定性会让良好决策成为一种令人望而生畏的愿景。本书中提供的优质决策框架可以帮助领导者提高自己的决策质量，为公司带来更好的结果。

——**乔伊斯·马洛尼**，工商管理硕士，克罗诺思劳动力研究院院长

优质决策是一项可以习得的技能，也是经理和领导者们必须践行的原则。这本书中全是经过验证的强大方法论和工具，能够让经理和领导者们做出并执行良好决策—— 一条创造更优价值的清晰路径。

——**王嘉陵**，理科硕士，文学硕士，任职于香港科技大学商学院

献给与我们一样热衷于让优质决策常识
真正成为习惯的诸位

目录
CONTENTS

致　谢

我们有幸站在巨人的肩膀上。旨在做出更优决策的优质决策框架建立在决策理论的基础之上，这些理论已经经过拉普拉斯、伯努利、拉姆赛等多位大师几个世纪的验证完善。斯坦福大学的朗·霍华德、哈佛大学的霍华德·雷法及其同事在过去50年中的思想领导，使这一理论转化为制定更优决策的实体学科。此外，在对克服偏见和决策陷阱所需的人类天性的理解方面，行为决策科学也取得了重大进步。该领域的思想领导为阿莫斯·特沃斯基、丹尼尔·卡尼曼、沃德·爱德华兹。

本书作者都是朗·霍华德（及其诸多门生）思想学派的一员，从这一决策专业人士团体中获益良多，并且也做出了许多贡献。我们的雇主——战略决策集团——是这一团体的一部分，并且与斯坦福大学职业发展中心进行教育合作，开设了战略决策和风险管理（SDRM）认证课程。芭芭拉·米勒斯与我们一起教授SDRM中的“决策中的偏见”课程，从而产生了本书中呈现的偏见类型框架。

我们对优质决策框架的联合创建者，尤其是朗·霍华德、汤姆·基林、詹姆斯·马西森和迈克·艾伦表示感谢。我们SDG的所有同事都帮助推动了优质决策科学与实践的发展。优质决策的实用价值已经被证实，这要归功于许多客户提供的经验及从更优决策中创造的价值。感谢那些提出尖锐问题的聪明学生，他们让这些信息日益完善。

特别感谢SDG的高级导师布鲁斯·贾德，他对本书草稿提出了许多珍贵点评。作家、编辑理查德·吕克、美术设计玛莎·阿贝尼都是本书完成过程中非常重要的团队成员。

同样感谢我们亲爱的家人，在完成这一项目的数月中，他们一直耐心地支持我们。

当然，若本书中有任何错误或遗漏，也是我们的责任。

卡尔·斯佩茨勒

汉娜·温特

珍妮弗·迈耶

前　言

如今，在商业领域中，低质量决策甚为普遍。正如保罗·纳特在他2002年出版的著作《决策之难》中所说的：“公司所做的决策中有一半是失败的，决策失败比我们之前想的更普遍。”[1]不幸的是，到目前为止，这种情况依然没有什么大的改善。糟糕的决策继续充斥头条，影响世界各地的公司，其结果就是公司及其股东以及世界经济的巨大价值损失。而商业并不是糟糕决策的唯一源头。各种机构——政府机构、非营利组织等——中的人也会做出糟糕选择，付出惨重代价，做出私人决策的个人亦是如此。

优质运动在20世纪80年代的美国逐渐兴起，对其追随者在正确行事方面的帮助已经卓有成效：更快、更好、成本更低。不幸的是，优质哲学并没有延伸到决策制定上。在做出重大决策的高管办公室和会议室中，决策者——把事情做对是他们的目标——并没有做出他们所能做的最佳决策。极少有公司拥有用于解决事关数百万美元重大抉择的以质量为基础的过程，或防止导致许多决策陷阱的人类偏见和错误假设的机制。其结果就是产生了大量低质量决策。

幸运的是，我们可以改变这一切。基于优质决策框架的决策技巧、过程和工具可以被习得并应用。学会基本决策技巧的决策者就可以应用许多工具和过程，其他的则需要一些决策支持——分析或简易化方面。所有的工具和过程都会得出任何人都能理解的见解。

优质决策的基础是过去300年间不断发展的决策理论的哲学。决策理论是一种规范哲学，在人们面对不确定性时提供规则和理性思考，以最大化地得到自己真正想要的。这一领域大约在50年前蓬勃发展，当时斯坦福大学的朗·霍华德教授与哈佛大学的霍华德·雷法教授将其哲学和理论结构转化为决策分析（DA）的实践和应用学科。决策分析解决了面对不确定性、动态（多个回合的决定和学习）及影响价值的多重因素时决策的复杂性。

大约35年前，朗·霍华德和卡尔·斯佩茨勒及其战略决策集团的伙伴开始将决策分析原则与行为决策科学研究的深刻见解相结合，其目的在于帮助公司有效且高效地处理复杂决策的实际挑战。这就产生了优质决策框架，也就是本书的基础。优质决策是SDG的核心服务项目，本书的三位作者在SDG均有数十年帮助全球企业提高战略决策水平的经验。如今，优质决策框架是已经非常庞大且正在壮大的决策专业人士团队的核心知识，他们在全世界帮助领导者做出战略决策。

* * *

本书的作者们经常问："大多数企业和个人不是都在做高质量决策吗？"答案是否定的。因为人们每天都在做决策，他们自然地认为自己已经知道如何才能做好。但真相是，做出良好决策的能力并不是天生的。我们甚至可以说，做出良好决策的能力与人的天性是相悖的。行为决策科学50年来的研究成果已经发现了作为人类思维过程和社会行为的一部分的数百种偏见。因此，虽然大家普遍认为自己天生就是好的决策者，但是这种想法其实是种错觉——而且是危险的错觉。实现优质决策最大的挑战就是认识到这种错觉，并且明白还有很大的改善空间。

优质决策可以大大改善决策。那些学习优质决策并且从中获益的人经常会惊讶地说："啊哈！"他们明白优质决策可以让他们的决策变得更好，他们不想离开优质决策。

他们成为优质决策的拥护者，将这个框架应用到自己的决策中，并向其他人——他们的同事、孩子、家人、邻居等——传播优质决策知识。

本书的目的在于让更多的人了解优质决策。本书希望帮助大家理解优质决策：什么是优质决策，它有什么要求，怎样才能通过实践过程实现优质决策。本书借鉴了决策科学及数十年的真实应用案例，呈现了一个直接的、便于理解的框架，任何人都可以应用。本书章节中插入了一些实例和趣事——行动中的优质决策，借鉴了SDG在各个行业中多家公司数十年的工作经历。由于优质决策与所有类型的决策相关，读者既可以将自己的所学应用到企业决策中，也可以应用到个人决策中。

本书提供的概念将帮助读者学习实现高质量决策所需的技能。读者应该让所有承担或希望承担重大决策责任的人——企业老板、高管、经理等各种规模、各种行业的领导者——也读读这本书。对于提供战略决策支持的决策专业人士，本书可以作为与决策者分享的有效资源。

* * *

本书共分为四个部分。第一部分包括三章，从宏观上整体展示了优质决策框架。第1章回答了“为什么需要优质决策”的问题。第2章概述了优质决策的六大基本要素，回答了“什么是优质决策”的问题。第3章解决了“我们该如何实现优质决策”的问题。

第二部分详细解释了优质决策的六大要素，每章一个。这些章节描述了每个要素，介绍了相关工具，并帮助读者培养在做出决策之前判断决策质量的能力。

第三部分提供了经过时间检验的实现优质决策的过程。第10章和第11章描述了经常妨碍聪明人做出最优可行决策的偏见和决策陷阱。第12章和第13章详细介绍了读者可以用于实现优质决策的过程。既有方法论，也有应用实例。

第四部分提供通往优质决策的过程中的重要见解。战略性应用展示了决策分析工具的力量。之后介绍了组织优质决策（ODQ）的概念，以及实现组织优质决策的方法。最后一章为希望在决策中应用优质决策的读者提供了一些建议。

* * *

作者真诚希望这些章节中提供的概念和案例能帮助每位读者提高决策力，让每位读者的生活及其公司和团体的命运得到极大改善。

卡尔·斯佩茨勒、汉娜·温特、珍妮弗·迈耶
于加利福尼亚帕洛阿尔托

注释

1. Paul Nutt，*Why Decisions Fail：Avoiding the Blunders and Traps that Lead to Debacles*（San Francisco：Berrett-Koehler Publishers，Inc.，2002），22.

第一部分

优质决策框架

DECISION QUALITY

第一部分整体概述了优质决策框架。第1章回答了“为什么需要优质决策”的问题。其中解释了为什么决策技巧如此重要，如何提高这些技巧来改善我们的生活和命运，并且描述了决策与其结果的根本区别。第2章讨论了“什么是优质决策”的问题，其中介绍了优质决策的六大要素。优质决策的六大要素是得到优质结果的关键。第3章解决了“我们该如何实现优质决策”的问题。首先，讲明我们应该做出什么样的决策。之后，我们将判断决策性质，并选择适合该决策的方法。

1

决策的力量

生活就是所有选择的总和。

——阿尔贝·加缪

我们的生活轨道总是被各种决策驱动着：上什么样的学校、追求什么样的事业、从事什么样的工作、做出什么样的投资、雇用什么样的人、交什么样的朋友、结识什么样的人。不管是大的还是小的、微不足道的还是惊天动地的，在决策的塑造下，我们的生活和组织变得更好，或者更坏。

在我们周围，每时每刻都有人做出决策，对于那些我们认为不好的决策，我们会迅速做出判断。掌握实权的领导们做出决策的方式令我们惊叹不已——他们不顾道德约束，一厢情愿地做出一些勇敢的假设，或者未经谨慎考虑，凭直觉冲动行事。当然，当我们看着别人做出决策时，作为一个旁观者嘲笑那些失败者总是很容易——尤其是当这些决策影响到我们时。

可是，当我们自己做决策时，我们总以为自己做得很好。但实际情况却是，我们做出的决策可能并不好。其实，我们的大脑并不是天生就可以自然而然地做出好的决策，尤其是当我们做决策的情况很特殊，而且后果不确定时。我们总想找到“令人满意的解决方案”[1]，“足够好”地解决——但是，“令人满意”和做出最好的选择之间有着巨大差异。

在后面的几章中，我们会看到，人类有许多偏见和特殊习惯，从而导致我们的决策与优质决策相去万里。举几个例子：我们依赖别人的主张，不考虑替代方案，忽略不确定性，过于简单化，匆忙下结论，寻找确认性证据来支持我们的立场，对非确认性证据视而不见，混淆达成一致与实现优质决策的概念，等等。我们将时间和金钱浪费在并不能真正影响决策的事情上。我们毫无系统性，不耐烦地草率行动，然后带着一种后见之明的偏见，为自己的决策找各种理由，让自己确信这些决策是好的——但这些不过是你自己的错觉罢了。

我们将无数价值弃置不顾，这些价值原本可以被据为己有，但前提是我们得有做出优质决策的原则和技能。在经济、社会和我们的个人生活中，“足够好”和“最好”的决策之间的差异会非常大。当决策者被告知这两者之间的差异以及他们还有改进的空间时，他们会非常惊讶，而且常常会很气愤：

决策者：你是在告诉我，我做的决策不好吗？

决策建议者：哦，是的。您跟其他人一样，会认为自己做出了好的决策，但其实，您离可能做出的最好决策还差很远。

决策者：证明给我看！

证据是真实存在的。当企业根据“优质决策”做出高质量的决策时，与没有这样做时“足够好”的策略相比，最佳策略取得的价值通常是其两倍。最重要的是，运用优质决策所耗费的成本与最后的附加价值相比，显得微不足道。好消息是，没有人一定要接受“足够好”，通过学习做出更好的决策是可能的。

优质决策：更优决策框架

幸运的是，所有寻求有效知识体系的人都能找到它。“优质决策框架”的技巧和方法论已经达到非常高效的水平，所有决策者都可以应用。这一知识可实施性强，可以广泛应用到各种决策中，让我们在商务及生活其他方面获得更多我们真正想要的。

这本书的首要目的是帮助读者认识到自己的决策可以改进，并且向读者传授应用优质决策框架、捕捉其他情况下可能丧失的价值所需的决策技能[2]。优质决策框架包括优质决策的六大要素及实现优质决策的必经过程。当我们与经理和高管们分享优质决策的知识时，得到的反应通常是：“我真希望自己早点知道这些。”

决策技巧可以习得

决策在塑造我们的生活和未来的过程中起着非常重要的作用，因此学习如何做好决策应该是我们生活中的首要大事。的确，如何做好决策是一件我们可以学习的事情。但是，在商界和公共部门的领导者——那些做出影响深远的重大抉择的人——中，很少有人接受过关于决策的专业训练。天天做决策的经理亦是如此。想想那些今天的经理——明天的高管——是如何被训练的吧。商学院的学生学习会计、金融、统计、市场和管理，但很少有工商管理硕士项目教授严密的决策课程。大家都有种假想，认为聪明人会在工作过程中或通过案例学习学会好的决策技巧，但是，在工作过程中学习，不断地反复尝试，可能是一个漫长而又痛苦的过程，时不时地会有一些错误让你付出惨重代价。即使是从其他人的错误中吸取教训，也无法与决策领域专业训练的获益相比。

优质决策的六大要素符合公众常识，且可以习得。许多优质决策工具和方法都很直白，决策者可以直接应用。当面对复杂且重大的抉择时，具备优质决策技能的领导者将成为具备先进分析工具和便利化条件的支持员工的精明人。本书中介绍的所有工具和方法都可以提供必备的洞察力，指导决策者在面对不确定性和复杂性时做出优质决策。

决策 vs 结果

当做出涉及不确定性的决策时，我们必须明白好的决策和好的结果之间的区别。许多评论者，包括那些评论经济、政治甚至体育的人，并不能将决策与结果区分开，而且表现得好像好的决策一定会产生好的结果似的。将决策与其结果混淆是大家常犯的一个错误，这会给我们的选择带来消极影响。

面对不确定性时，我们必须从做出决策的那一刻判断决策质量，而不是待结果明了后再去评判。为什么？因为我们控制决策，但我们不能控制结果。因此，我们尽自己所能，努力想要做出最好的决策。决策者不能当事后诸葛亮——这是评论者的特权。

通过应用优质决策框架，我们可以更好地做出优质决策：我们必须根据自己所获得的信息，分析并选择在我们所处的决策情境下，最有可能实现最大价值的选项。当然，选择最好的选项并不一定保证产生好的结果。结果可能在未来几天、几个月甚至几年之内都看不出个所以然，但这并不能判定我们的决策质量。

思考下面这个例子。一家制药公司的高管们决定大力投资最新发现的化合物。经过几年的研发测试，该化合物获得批准，作为药品上市——这是一种治疗癌症的突破性药物。该药物同样为公司带来了丰厚利润。

所以，管理者们做了一个好的决策吗？看一看结果，似乎确实如此。在药品刚上市的几年里，销量非常可观。公司高管和研发团队互相庆贺。华尔街的分析师和股东们对公司信心大增，对公司管理团队赞不绝口。但是，八年后，许多病人出现了严重的副作用，还有一些死了。药品被禁止销售，公司陷入一系列产品责任诉讼案件中。现在再看，当初的决策还好吗？

举这个例子是为了说明，决策质量不能用结果来判定。如果我们只用结果来衡量该药品公司的决策，我们只能说这个决策先是好的，后来是坏的。在癌症药品刚上市的几年里，结果非常好，但八年后变坏了。如果用结果来判定决策质量，那就意味着必须保留评判，直到关于结果的一切信息都明了才能做出评判。这是不可行的——而且通常不可能。再者，结果也没有告诉我们当时决策者做出决策时是出于什么样的考虑。我们需要从做出决策的那一刻判断决策质量！

决策和结果是两种截然不同的东西，因为每一个选择都有各种不确定性。如果未来已经确定，我们就不需要这样区分了。面对不确定性，我们可能做出了好的决策，却只能得到一个坏的结果。例如，地球另一端的金融危机可能会破坏一位决策者深思熟虑的计划。好的决策也可能因为执行者引导不力而误入歧途。反之亦然：低质量决策可能会因为超凡的执行或运气好而得到好的结果。想象一下一个人在车上一边发短信一边开车。如果他平安到家，没有撞车，也没有撞到人，我们能说一边发短信一边开车是一个好的决策吗？当然不能！正如斯坦福大学教授朗·霍华德所说：“好的决策不会变坏，坏的决策也不会变好。”[3]

好的决策会产生更多好的结果，但也并不一定。正如达蒙·鲁尼恩所说：“比赛并不一定总是快的赢，胜利也不一定总是属于强者，但你还是会赌他们赢。”[4]在研发中，预期约有80%的项目可能会失败。实际上，在研发领域成功的一个秘诀就是迅速失败，将投资到那些长期来看可能会失败的项目上的时间和金钱最小化。如果不允许研发经理出现坏的结果，那就几乎不可能有创新，我们很可能就不会有手机、电脑、飞机及其他许多便利的东西。

增加好的结果，最大化地得到我们真正想要的东西，其最佳途径就是做出好的决策并严格执行。优质决策虽然并不保证一定带来好的结果，但提高了我们得到好结果的概率。正如合著者卡尔的故事中所描述的那样，优质决策还可以使我们内心平静（请参阅下栏）。

卡尔的个人决策回忆

几年前，我面临一个非常重要的个人抉择。我需要做心脏手术——三重心脏旁路手术。我和妻子努力想搞清楚我们所面临的状况。真的必须做开胸手术吗？支架可以解决问题吗？做哪一种手术最合适？哪种最方便？我们想到并且考虑了许多选项，还去咨询专家以了解我们需要知道的信息。一周之内，我们做了做出一个明确选择所需要做的一切；按照我们的判断，我们已经可以做出优质决策了。

手术安排是尽快进行——大约两周之内，之后，我便按照以前的时间表按部就班地工作。面对这样大的手术我还能如此镇定，许多同事都觉得不可思议。我简单向他们解释了一下：我已经做了做出优质决策所需要做的一切。是的，我有死掉的风险。

考虑到我们的决定，我估计自己两周后死掉的概率是1/20。我想象着有20个人站成一排；其中19个向前走去，1个留在后面。在我看来，那些就是好的概率。

优质决策不仅为我指明了最好的前进道路，还让我在明白我们已经做了所有我们能做的之后内心平静。我知道，其他的就不在我的控制范围之内了。

我很高兴自己是向前走的那19个人之一。我得到了一个好的结果。但是，即使我是留在后面的那个人，这也仍然是一个好的决策。

* * *

明白好的决策和好的结果之间的区别是改善决策的第一步。作为决策者，我们无法控制结果，但我们可以控制自己的选择。使用优质决策框架可以实现优质决策。第一部分接下来的两章将简单介绍优质决策框架：优质决策的六大要素（第2章），以及不同类型决策实现优质决策的方法（第3章）。

记忆要点

- 决策为我们的生活和商业塑造成功。

- 我们一直在做决策，并且觉得自己已经很善于做决策，但这是错觉。
- 人不是天生就能做出优质决策的。我们不自觉地陷入自我满足，然后为自己做出的任何决策找理由，让自己相信它们是好的决策。
- 令人满意和做出最好的选择之间有着巨大差异。如果我们满足于此，就会将许多价值弃置不顾。如果我们能提高自己的决策水平，那些遗漏的价值就可能是我们的了。
- 优质决策框架是做出更优决策的秘诀。
- 决策技巧可以习得。
- 因为决策时不得不面对不确定性，因此我们必须将好的决策和好的结果区分开来。
- 决策必须根据做出决策时决策者的考量来判断，而不应该依据之后发生的事情来判断。
- 我们必须能够从做出决策的那一刻判断决策质量，而不是通过结果来判断。后见之明就太迟了。

注释

1. 该术语由赫伯特·西蒙发明。赫伯特·西蒙是诺贝尔经济学奖获得者、社会科学家，他发现个体和群体并不能做出最优决策（如当时正统经济学理论的部分内容那样），而是使用“有限理性”和“令人满意”的决策。

2. 当然，有许多关于如何做出更优决策的书，但大部分都缺乏统一的决策理论规范基础，或者缺少从优质决策的终点角度判断决策质量所需的优质决策框架。另一本以决策学观点为基础的书是《决策的艺术》，参见John S. Hammond，Ralph L. Keeney，and Howard Raiffa，*Smart Choices: A Practical Guide to Making Better Decisions*（New York：Broadway Books，1999）。

3. 这是朗·霍华德的经典名言。在《哈佛商业评论》精选播客（*Harvard Business Review*'s IdeaCast）的一篇采访（“Making Good Decisions,” November 20，2014）中，霍华德对这一概念进行了更深入的说明。

4. 大家经常认为这句话是鲁尼恩说的，但他自己将其归于一位名叫休·E.基奥的著名体育专栏作家。

2

优质决策要素

我不是环境的产物，而是自己决策的产物。

——史蒂芬·R.柯维

决策是我们塑造未来的最强大的技能，做出良好决策是让人生最大限度地满足我们期望的关键。要在行动之前判断决策质量，我们需要明白决策的本质内涵。每个决策都可以划分为六个不同要素，每个要素都必须高质量地解决。这就是优质决策的六大要素：（1）合适的框架；（2）创造性的选项；（3）相关及可靠信息；（4）清晰的价值和权衡；（5）充分论证；（6）付诸行动。

“框架”明确我们所面临的问题或机会，包含需要决定的内容。除了框架，还有三件事情必须明确：“选项”限定我们所能做的；“信息”捕捉我们知道且相信（但无法控制）的；“价值”代表我们想要且希望达到的。这三项合起来构成“决策基础”。这三项通过“论证”联合，在考虑我们想要的（价值）以及我们知道的（信息）的前提下，引导我们做出最佳选择。论证帮助我们了解自己应该做什么，形成明确的目标。但是，目标几乎没有什么实际价值。要做出真正的决策，我们必须“付诸行动”。因此，付诸行动是决策中不可分割的一部分。

“好”的决策要求以上每一步都是高质量的。本章对每项要素逐一进行了简单介绍。当六大要素俱全时，我们就能实现优质决策——做出高质量决策。六大要素都是优质决策不可或缺的；如果有一项没有达到，就无法做出优质决策。决策的整体质量不会高于六要素中最差的那一项；因此，需要将优质决策想象成一条有六个环节的链子[1]（参见图2.1）。每一环节都高质量地连接在一起才能确保最终做出好的决策。

必须从一开始就理解优质决策的终点。当然，每一个决策都会有其

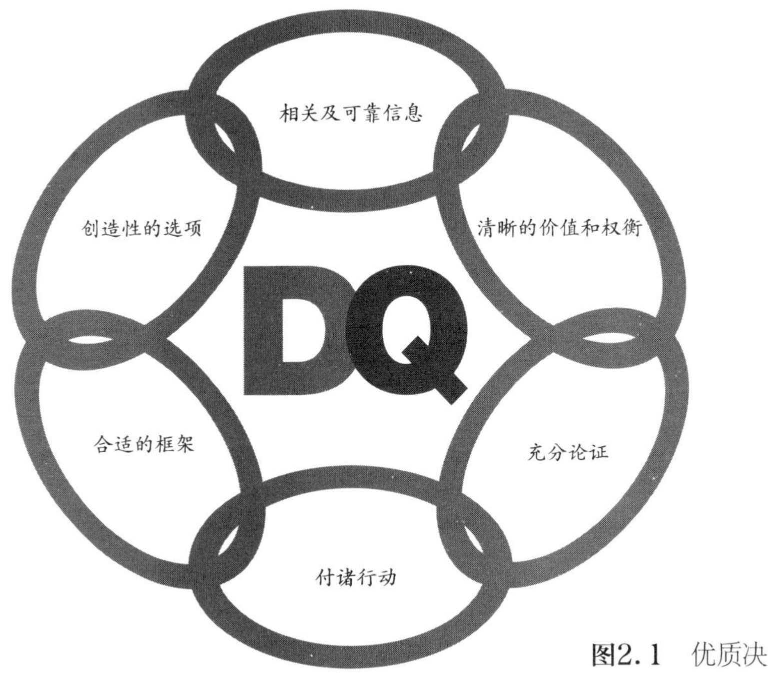

图2.1 优质决策链

后果，或者叫“结果”。当我们在不确定的情况下做出决策时，我们无法完全控制结果。这就意味着，好的决策可能会带来好的结果，也可能带来坏的结果。但是，通过满足优质决策的六大要素，我们知道——在做出决策的那一刻——我们已经做出了一个高质量的选择。

合适的框架

决策“框架”回答了“我们面临什么样的问题（或机会）”。决策框架由三部分构成：（1）做出决策的“目的”；（2）“范围”，要包含什么、排除什么；（3）我们的“观点”，包括我们的看法、想如何做出决策、需要进行什么样的谈话、跟谁谈等。当多方一起制定决策时，一致的框架是必不可少的。

决策问题的框架可以很大，也可以很小。大框架的决策可能会涉及长远发展，影响许多利益相关者，牵扯许多问题。例如，公司对新产品发布战略的决策会涉及生产制造、市场、销售、定价及顾客统计等。具有此类范围及复杂性的决策是大框架决策。

相反，小框架决策关注的范围更小，例如公司对于直邮目录产品的销售计划。与新产品发布相比，这一决策涉及的人员、部门及资源较少，风险也低很多。

合适的框架是最适合情况的框架，不能太大，也不能太小。需要注意的是，这里说的是合适的框架，而不是正确的框架，因为任何决策都没有唯一的最好框架。但是，找出最适合情况的框架是非常重要的。如果我们的框架错了，我们就会在错误的道路上解决错误的问题，或者争取错误的机会。

创造性的选项

“选项”是多个可行性行动方案中的一个。选项明确我们能做的。没有选项，就无法制定决策。优质决策需要有优质选项。如果大家认为选项没有创意、不吸引人，那就值得花费时间和精力去创造更好的选项，因为这样可能会获得更多价值。

一个选项可能对应一个决策（例如，选择A、B还是C款智能手机），也可能涉及更复杂的“战略”，包括一系列决策。“有机成长”或“通过收购成长”都是战略主题的选项，包含许多各不相同但互相关联的决策，内容包括如何成长、收购哪家公司、如何构建能力、提供什么样的产品和服务、如何对其定价等。

企业常常无法创造丰富的选项组，而是简单地讨论是该接受还是拒绝某个提案。这种方法的问题在于，人们往往会抓住那些容易想到的、熟悉的、与自身经验直接匹配的想法不放。例如，在决策过程中，可能会提出一个详细提案：“接下来一年，我建议我们成立五人小组，打入魁北克市场，发展经销商。我跟魁北克一个著名的经销商打过交道，就让他做总代理吧。我们组已经准备好了。这周可以开始吗？”这种思路会引导整个组在没有创造并讨论其他选项的情况下就做出决策。

更好的方法是提出几个明显不同的行动方案。例如："考虑到商定的框架，我们希望在魁北克拓宽销路，我已经确定了进军魁北克市场的三个可选方案。每个方案都与其他的明显不同。我们应该比较每个方案各自可能带来的风险和回报，然后选择一个执行。"

花时间形成多个选项是非常重要的。我们必须提醒自己，决策不会比最优选项更好。

相关及可靠信息

要了解每个选项对应的潜在结果，相关及可靠"信息"必不可少。相关信息是我们所知道的、将要知道的或者应该知道的关于决策结果的所有重要信息。可靠信息是指值得相信、客观公正、来源权威的信息。

决策决定的是未来，未来原本就是不确定的。因此，我们必须学会正确地处理"不确定性"[2]，让决策更优质。面对不确定性，决策所需的信息必须用"可能性"（可能出现的具体结果）和"概率"（发生的可能性）来表示。这里的意思是说，不能出现"这项新技术成功的可能性很大"之类的模糊描述。决策者需要更具体、更实用的信息，例如："根据我们所找到的信息及本领域三位专家的专业估算，我们相信，这项新技术有70%的概率会成功，明年年初就可以用于生产我们的新产品。"需要注意的是，上述陈述中包括具体限定的可能性及其发生的概率。不幸的是，信息并不总是如此全面，几乎包罗一切。为了做出对未来结果及其概率的可靠判断，我们必须搜集事实（过去及现在的）、研究趋势、访问专家等，同时还要避免扭曲的偏见及决策陷阱。

没有相关及可靠信息，决策者就犹如在黑暗中飞行。

清晰的价值和权衡

“价值”描述的是我们想要的——我们关心或者更喜欢的。在决策背景下，价值有时被称为“偏好”。当我们具有清晰的价值，以此来评估每个选项的优点时，做出优质决策就变得非常容易。在商业领域，价值经常可以用股东利益等货币标准衡量。在其他决策中，非金融价值，如“将来的生活质量”或“野生动物保护区数量”，可能会很重要。

虽然伦理道德也是价值的一部分，但在优质决策背景下，伦理道德是决策框架的一部分，而不是明确表示为价值需求。道德标准形成决策框架的一部分：违反伦理道德的选项绝对不会出现在选项中。

想从一个决策中获得多个价值并不是什么稀奇的事——更大的股东利益、积极的品牌影响以及环境保护可能都很重要。当一个选项提供了所有想要的因素时，从多个选项中做出选择就很容易了，但这种情况很少发生。因此，决策者必须“权衡”。他们必须做出决定，为了获得更多的其他价值，他们愿意对某个价值放弃到什么程度。

在决策中，没有清晰的价值和权衡，我们就不可能选出最佳路径。

充分论证

选项、信息和价值构成决策“基础”：我们能做什么，我们知道什么，以及我们想要什么。充分“论证”将这些综合到一起，结合我们所掌握的信息，引导我们找出能最大化地实现我们需求的选项。根据充分论证得出的结论，条理严谨，通过理性辩论来捍卫自己的立场：“我选择这个选项是因为，与其他选项相比，这个选项中涉及的不确定性较低，回报期望更高。在选择这个选项时，我用到了以下数据和分析工具……”

当不确定性很重要时，充分论证依赖于“决策树”和“龙卷风图”等工具，这些工具在后文中会介绍。当混乱中又有不确定时，人类的大脑并不是天生就能靠直觉做出最佳选择。有多少人可以一直正确判断出商店哪个收银台前的队伍会更短，或者哪只股票会升值，或者哪个产品会在市场上走俏？当不确定性对决策影响特别大时，决策者需要利用论证工具一一理清。

付诸行动

当前五个要素全部高质量地完成后，具有最高价值的选项就清晰了。我们已经找到了明确的目标，但这还不够。要创造真正的价值，必须将决策转化为行动。如果没有有效行动，那我们花费在决策上的时间和努力就全是白费。

在商业领域，决策者通常不是执行者。令人惊讶的是，在传达给执行者时，决策的许多价值都会丢失，这非常容易，也非常常见。如果在决策努力（做出决策的工作）过程中没有充分考虑到执行决策所面临的挑战及所需资源，在执行过程中必然会出现问题。

在大多数情况下，付诸行动是通过让“正确”的人参与到决策努力的过程中来实现的。正确的人必须包括有权力和资源践行决策、保证不偏离轨道的人（决策者），以及那些被要求按决策行动的人（执行者）。

判断决策质量

优质决策的六大要素看起来似乎都是常识——话虽如此，但这些常识不是惯例。经过对企业决策者的多年观察，作者及其团队发现，当人们无法高质量地实现六大要素中的一个或多个时，就会出现决策失败。例如，如果一个团队除了框架之外其他的都做得很好，那他们可能很好地解决了一个错误的问题。如果决策者各方面做得都很好，却使用了不可靠的信息，那他的决策就应了那句话：“进来是垃圾，出去也是垃圾。”通过思考链条中的每一个环节，我们会发现什么地方可能会出现什么样的陷阱。任何一个要素的低质量都会导致决策的低质量。

六大要素的优点在于，它们可以用于“在决策做出的那一刻”判断决策质量。不必等上六个月或六年再评判结果，当下就可以宣布决策的质量。因为链条中最薄弱的环节决定了决策质量，在决策之前，我们必须扪心自问：“我们对每个要素如何评估？在做出决策之前，再改进一下其中的一个或多个要素是否值得？”回答这些问题的一个有效工具就是图2.2所示的“优质决策滑动标尺”。

在这个标尺中，100%是表示进一步改进所需成本——考虑到精力和

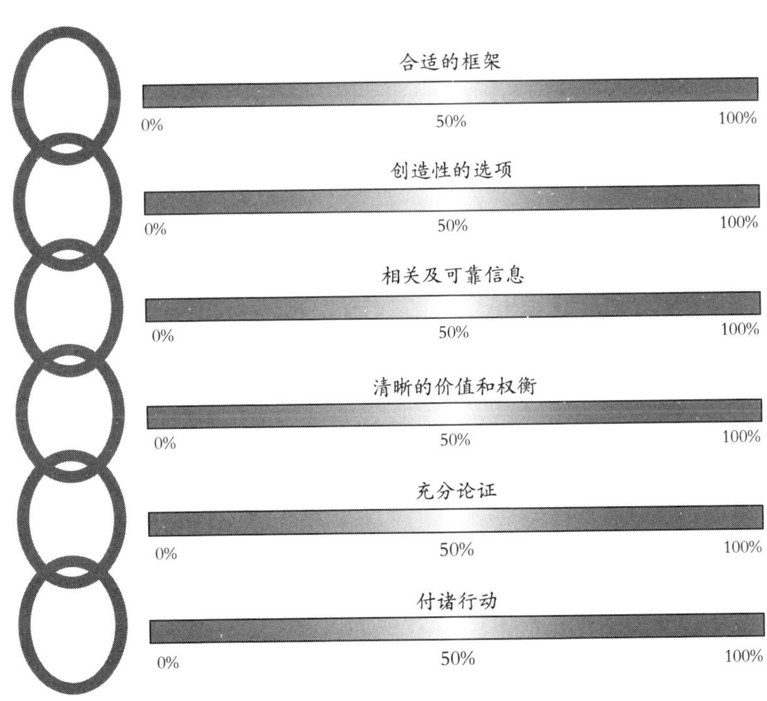

图2.2　优质决策滑动标尺

耽搁时间——不值得的点。在100%处，改进该要素所需的成本超过了从中所获得的价值。因此，100%并不是完美，而是对改进的增量成本超过最终附加价值的判断。而且，每个决策对应的100%的点都不一样。家庭度假决策每一项都达到100%可能比企业发展战略每一项都达到100%简单得多。只要稍加训练，决策者就能判断出合适的100%点。当决策涉及多方时，判断上的差异会促成富有成效的讨论，尤其是当某一方认为还需要做更多工作，而另一方认为已经达到100%的点时。

在做出选择前，仔细审查优质决策的每项要素，判定是否值得更进一步是非常重要的。从时间和资源的角度来看，如果改进增加的价值超过成本，那就应该在决策之前进行这些改进。一旦所有要素都达到100%，就到了该做出优质决策、付诸行动的时候。

* * *

如前所述，优质决策的要素是符合常识的，但这类常识的常规应用很不常见，尤其是当决策比较复杂，有很多不确定性，以及涉及许多人时。人类的大脑不经过系统训练，并不能自然而然地做出优质决策。首先，我们必须明白自己努力的方向。本章概述了如何识别优质决策的终点，但我们需要通过高效的方法才能到达这一终点。第3章概述了做出优质决策的方法。本书第二部分对优质决策六大要素以及如何判断其质量一一进行了更加深入的探讨；第三部分的章节介绍了更多导出优质决策的方法以及应当避免的偏见；第四部分探讨了优质决策的过程。

记忆要点

- 一个优质的决策在优质决策六大要素中每一项的质量评级都是100%。
- 优质决策的六大要素：（1）合适的框架；（2）创造性的选项；（3）相关及可靠信息；（4）清晰的价值和权衡；（5）充分论证；（6）付诸行动。
- 决策质量由最薄弱的环节决定。
- 做出选择之前，决策者应该判断每项要素的质量，并确定更多努力带来的价值是否超过成本（从时间和资源两方面）。优质决策达成的条件是六大要素全部达到100%，也就是说，与成本相比，再付出额外努力不值得。
- 六大要素使我们可以在决策做出的那一刻判断决策质量。
- 人类的大脑不经过严格训练，并不能自然而然地做出优质决策。

注释

1. “优质决策链”由SDG在20世纪80年代中期创制。优质决策链与对话决策过程（Dialogue Decision Process，DDP）（后文中将会介绍）都是由卡尔·斯佩茨勒和文森特·巴拉巴在1991年4月30日的加拿大多伦多规划论坛国际会议上提出的（材料可以从SDG网站上下载），于1998年收录在当时SDG的两位同事戴维·马西森与吉姆·马西森的《聪明组织》一书中。该书重点介绍在研发密集型企业特定背景下的优质决策。参见David Matheson and Jim Matheson，*The Smart Organization：Creating Value through Strategic R&D*（Boston：Harvard Business School Press，1998）。

2. “不确定性”一词表示我们对于未来的知识有限，只能用可能性以及可能性的概率来表达我们的理解。有些人用“风险” 词表示可以用概率量化的不确定的结果，用“不确定性”表示不能用概率量化的结果。经过努力，可以用可能性和概率来描述我们掌握的所有层次的知识。在一些情况下，这一努力与其带来的益处相比可能不值得，这种情况下，仍然用“不确定性”这样的模糊量化词语描述。但是，对优质决策来说，相关且重要的不确定结果应该量化，并且用一些可靠的技巧可以做到。因此，用“不确定性”一词来描述概率不可量化的结果是无效的。

其他情况下，人们用“风险”来表示有负面影响的不确定结果。但是，不确定结果可能带来积极影响，也可能带来消极影响，所以对于风险的这一定义也是无效的。最近，风险管理团体试图重新定义“风险”和“风险因素”，使其包含上行机会，这样反而更让人疑惑。

本书使用“不确定性”一词来描述概率的全部范围——不管是上行还是下行。

3

实现优质决策

> 任何领导者的首要工作是组建正确的团队……第二是确保做出决策。
>
> ——杰克·多尔西[1]，Twitter和Square创始人

领导力的核心是组织正确的人做出优质决策。前面的章节将优质决策定义为在优质决策六大要素中每一项都达到100%的决策，其中，100%是不值得花费额外努力或耽搁额外时间进一步改进的点。有一个大难题：必须怎样做才能实现优质决策？在解决这个问题之前，有必要先回过头来考虑一下决策——或者做出决策的需求——来自哪里。

明确决策需求

达成优质决策的过程从一个人“宣布”必须做出决策时开始。每天都会有许多需要做出决策的情况，其中大多数都是很常见、不苛刻的。例如，三个同事中的一个可能会看着自己的手表说：“差不多中午了，我们该出去吃午饭或者点个外卖了。”或者，一位司机走到一个非常熟悉的岔口，需要决定往左走还是往右走。其他情况则会带来更大的影

响，要求投入更多的时间和更深入的思考。不管怎样，“宣布”需要决策这一行为引发了接下来的一切，就像一位CEO宣布：“随着越来越多的竞争者加入市场，我们必须改变客户定位和定价。我希望市场总监研究一下目前的情况，就这一关键决策做个汇报。”

不管决策是强加给我们的还是我们自己提出的，动力源于危机还是机遇，宣布需要决策就会让大家集中精力，开始行动。在许多情况下，人们还需要做出其他相关决策。要明白其中的原因，想象一下一位销售刚刚从现场发来一封邮件：“老板，我现在正在客户的公司总部。他们在使用我们的新生产控制软件时出现了大问题。他们的首席技术官说我们的软件有漏洞，关闭了他们的生产线。他马上要发飙了！”

这会导致老板进行接下来的思考：“是我们软件的问题？客户的安装方法正确吗？我们必须搞清楚。如果是我们软件的问题，我们需要决定如何处理、如何赔偿客户。同一款软件还有其他五位客户。我们应该立刻提醒他们这个问题吗？或者，我们是否应该先查清楚问题原因，组建团队抓紧修复？不管是哪种处理方式，谁才是最合适的人选？我们应该怎样处理这个问题？”

显然，这家软件公司有许多决策必须做，而宣布需要做出决策就是一种领导行为——像本章开篇引语的作者杰克·多尔西之类的领导者应该有的行为。

当然，那种瞬间做出的小决定是不必宣布的。每天我们都在做许多常规的小决定，比如穿什么、电话响了要不要接、上班走哪条路等。这些日常决定不是本书关注的重点。优质决策可以帮助我们在做出这种快速决定时养成更好的习惯，但优质决策最大的用武之地是塑造我们的成功人生和事业，例如选择哪种事业、寻求什么疗法、如何发展成为跨国企业等。这些决策需要深思熟虑，需要重视质量。

宣布需要决策使我们的注意力转移到需要做出谨慎选择的情况上来——而这种宣布便开启了决策过程。

设定决策议程

我们应该宣布哪些决策？哪些决策应该先解决？我们需要在多长时间内做出决策？有些人只是顺其自然，在决策出现时才做出响应。其他人则采用更有规划、更积极的方式，制定“决策议程”。决策议程标明需要做出什么样的选择，以什么样的顺序选择，以及在什么样的时间框架内选择，从而在遇到非常重要的决策时及时采取行动。在商业领域，积极的领导者会设定决策议程，引导组织的注意力，保证正确的问题得到解决。例如，科技公司领导者的决策议程可能包括关键新产品发布决策、有前途的新研发项目决策以及亟须的生产方式升级。有意识地制定此类议程——并定期更新——可以让我们更好地掌控生活及企业的轨道。一个企业首次制定自己的决策议程时，可能会有已经过期、需要立刻处理的积压决策。一旦这些积压决策被清空，决策议程就能提供一种在系统的工作流程中处理决策的方式。当然，决策议程必须定期更新并不断修正，以应对突发事件和意外。

一旦宣布需要某个具体决策，我们必须怎样做才能实现优质决策？

理解优质决策的终点

决策有各种各样的形式和级别，但所有决策都有一个共同点：最佳选择最大可能地带来我们真正想要的。要找到这个最佳选择，我们必须实现优质决策。我们必须将优质决策视为终点。显然，如果我们不能将其视觉化或对其加以描述，我们就无法到达这个终点；如果我们到达优质决策时却不知道，就无法自信地说："我们做到了！"

大部分关于决策的书都完全忽略了这一点。有些流行方法关注的重点是如何避免常见的决策隐患，其他则限定了具体的操作过程。这些可能会很有效，但不管我们避开多少隐患，准确进行了多少操作步骤，我们都无法知道自己是否做出了好的选择，除非我们将优质决策视为终点，根据优质决策的要素来评估我们的决策。想象一下有个人开车从纽约去多伦多，避开高峰时段、道路建设、暴风雪等隐患的确是好的建议，当油箱里只剩1/4的油时一定要重新加满，或者确保大体前进方向是朝西北等操作步骤可能也很有帮助，但这些提示并不能使司机开到多伦多。他还需要更多。

必须从最开始就明确终点，也就是说，能够判断优质决策六要素中每一项的质量，明白什么时候进一步增加每项要素所付出的时间或努力是值得的。

避免决策陷阱和偏见

甚至是当终点已经非常清晰、被充分理解时，通往终点的道路还是会处处布满“决策陷阱”，这些陷阱会降低决策质量。复杂性就是其中之一。人类大脑能够在极短的时间内处理海量信息，并在许多情况下引导我们做出恰当的行动。尽管我们的大脑如此强大，但几乎没有人可以在脑中解出有四个未知数的四个方程，而大多数重大决策比这四个方程还复杂——尤其是在不确定性高、价值和权衡十分复杂、选项很多、需要做出多重决策时。复杂性使得人们倾向于简单化、走捷径，满足于“足够好”的快速选择。因此，当有人说“只有两个选择：抓住这个机会或者放弃”时，很多人都会如释重负地叹口气，表示接受这个观点，因为只从两个选项中选择相对来说就简单多了。甚至是在只要稍微付出一点努力就可能会得到更有吸引力的选项，产生最佳决策而不只是令人满意的决策时，也会发生这种情况。不幸的是，“足够好”几乎总是会让人放弃大量价值。

其他与人类行为相关的决策陷阱还有很多。行为科学家已经记录了200多种导致出发点良好的人在通往优质决策的路上频频跌倒的“偏见”，其中包括对假设不加验证、套用团体迷思、拒绝接受与当前观点矛盾的证据等。（第10章和第11章重点介绍了降低决策质量的许多具体偏见，并提供了避免这些偏见的实用工具。）偏见及其他陷阱隐藏在我们的潜意识和企业文化中，渗透到我们的思维习惯里。

当这些偏见影响决策时会怎样？行动导向型经理和高管们没有足够的信息就武断地做出决策。群体一致性与真正的优质决策混为一谈。习惯促使人们将艰难的选择拖入自己的舒适地带——他们的专业领域，甚至是在不合适的情况下。俗话说："作为锤子，看什么都像是钉子。"避免陷阱和偏见是优质决策中必需且非常重要的一部分，但光避免是不够的。除了巧妙躲避人性的弱点，优质决策要求得更多。

对抗陷阱和偏见最好的武器以及达到优质决策最好的方法，就是严格追求优质决策的六大要素。评估每项要素的状态，使每项要素都达到100%通常并不容易，但投入其中的思考和精力会帮助我们跨过通往终点途中的许多崎岖。

通过诊断设计决策过程

我们在生活和工作中做的许多事都涉及某种过程，除了最简单的选择和快速决策外，优质决策也不例外。实现优质决策需要一个过程。但是，制定良好决策并没有统一的"最佳"过程或需要严格遵循的步骤。过程需要与所处情况相结合——更具体地说，与其级别（或重要性）和复杂性及其内在困难相结合。例如，收购供应商公司的决策可能涉及7000万美元的支出，与雇用新的中级主管相比，这一决策更加重要。而且，收购决策更复杂，涉及财务专家、律师、业务和信息技术经理及人力资源部。因此，必须先对决策情境进行诊断，就像医生在制定治疗方案前必须诊断病人情况一样。

在诊断阶段问问题可以帮助我们理解应该如何做出决策。决策的目的是什么？为什么这个决策很重要？谁应该参与决策？决策的难点是什么？提出这些问题的目的在于从五个不同方面来理解决策的“本质”：级别、组织复杂性、分析复杂性、内容挑战及可能的决策陷阱。通过理解决策的本质，我们可以判断应该使用哪种决策过程，是否需要寻求“决策专业人士”——受过训练，帮助解决复杂决策困境的人——的帮助。以下五个方面为诊断决策本质提供了有效列表。

级别

决策本质的第一个方面是级别。我们可以根据级别将决策划分为“快速决策”“重要决策”和“战略决策”。快速决策就是日常的各种选择以及突发事件。这类决策在前文中提到过：我今天午饭吃什么？我应该花多少时间处理邮件？我闻到有人抽烟——我该怎么做？这些都是快速决策的范畴。人们每天要做出成百上千次快速决策，通常很少或完全没有有意识地思考。这些决策很迅速，因为它们要么很容易，不值得花费更多努力或时间，要么要求迅速回应，如突发事件。对这些决策来说，过程是反射性的，决策质量与基于模式的直觉相关，可以通过积累经验和训练来提高。例如，新手司机的快速决策能力很少能比得上那些有着多年经验、已经建立了驾驶的模式识别和良好习惯的老司机。快速决策是瞬间做出的，不需要像重要决策和战略决策那样深思熟虑，本书的重点是重要决策和战略决策。对于非常重要的快速决策的质量，如突发事件，我们的直觉反应需要通过模拟和经验来训练。培养决策的适度性和良好习惯本身就是一个非常重要的话题，但并未包含在本书之中[2]。

重要决策有些复杂，但也并不是特别重要——或者说它们很重要，但相对来说比较简单。决定在项目中如何分配团队资源或是否接受供应商的提案可能都属于这个范畴。这些决策可能一周出现几次，并且通常需要几个小时来解决——还要经常开几次会。在重要决策中实现优质决策的过程应该涉及中等水平的思考和努力，在避免决策陷阱的同时，使用笔及作为检查清单的写有优质决策六大要素的纸。

除了重要决策，还有更大的决策：战略决策。这些决策更复杂，并且非常重要、影响深远，因此战略决策是优质决策最为重要的地方。对于这些决策，我们可不愿意走捷径。我们也承担不起被偏见及其他心理陷阱带偏的后果。在战略决策中，无法达成优质决策会付出惨重代价。以下是几个战略决策的实例：

- “我们应该放弃目前的技术，开发新技术吗？”
- “工作室今年的影视制作费用是9000万美元，但是有10个好剧本，我们应该投资哪个？”

• “公司规模已经超出了其生产力。我们应该扩大生产力，将一些生产外包，还是放弃一些利润低的产品？”

决策者时不时地面临诸如此类的影响深远的重大决策。一般来说，这些决策出现频率低、复杂、难以抉择、有许多不确定性。这些决策可能涉及大量资源的不可逆转投入，或限定未来多年业务部门的发展方向——并且可能产生意外的重大影响。实现优质战略决策要求付出艰辛努力，经过严格的过程，使用分析工具。

通过根据级别将决策划分为快速决策、重要决策和战略决策三类，我们可以选择整体方法及适度的精力投入，如图3.1所示。

决策级别	数量及时长	需要什么
战略决策： 非常重要且高度复杂	少； 几天、几周或几个月内决定	严谨审慎的努力： 应用正式过程和分析工具实现优质决策
重要决策： 重要但“容易”，或者复杂但不是特别重要	有一些； 几小时内决定	中等审慎的努力： 用笔及作为检查清单的写有优质决策六大要素的纸；避开中途出现的决策陷阱
快速决策： 频繁或小的日常选择；紧急情况	很多； 瞬间决定	自动： 培养决策的适度性和良好习惯

图3.1　不同决策级别需要什么

组织和分析复杂性

决策级别越高，复杂性可能也越高。这两方面通常是并驾齐驱的。复杂性使决策变得困难。复杂性主要有两种基本形式：

- 组织复杂性。这一点一般与“人”的问题相关。各利益相关者的利益和价值可能会互相矛盾。关键决策者们的自我或性格可能会发生冲突。决策参与者对问题或机会的框架可能各不相同。企业文化可能对国产品牌有偏见。团体迷思可能会压制异议和经验性证据。在组织复杂性很高的情况下，需要有一位娴熟的引导者。
- 分析复杂性。这种复杂性会在以下情形中出现：决策需要面对一团乱麻的不确定性，有许多选项可供选择、多种价值需要考虑，或者局势的多个方面都是动态相关的。高复杂性分析需要使用分析工具。

理解决策的组织和分析复杂性可以帮助我们确定所需要的决策支持和工具。如图3.2所示，分析和组织都不复杂的决策情境只需要常识和经验就够了。但是，两者中任意一方面更高的复杂性都会增加难度，对我们提出更高要求。组织复杂性高但分析复杂性低的决策可以从有效催化领导中获益，其中，娴熟的引导者通过精心挑选的过程引导群体达成一致。分析复杂性高但组织复杂性低的情况需要决策分析工具、专门知识以及对受不确定性影响的状况的

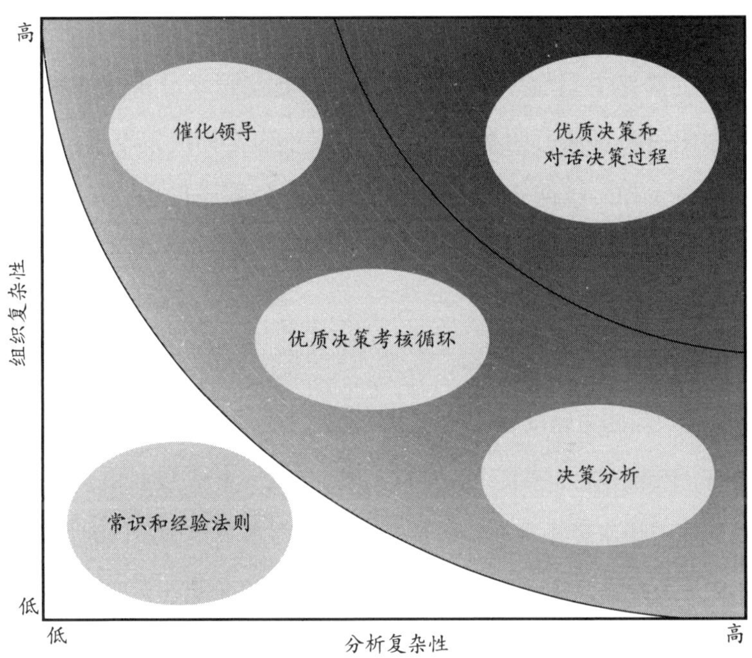

图3.2 不同级别复杂性的工具及过程

分析[3]。

在图表中央，两种复杂性都处于中度的位置，使用“优质决策考核循环”来优化安排后续工作。在这一重复过程中，使用列表样式的优质决策六大要素来判断每项与100%的距离，并确定需要做什么来缩小差距。在第13章中会介绍这一过程的更多细节[4]。

如果是战略决策，并且两种复杂性都很高，需要选择的工具就是“对话决策过程”。对话决策过程是两个团队间的对话的系统过程：有权力决定并分配资源的少数人（或者只有一个人）——通常被称为“决策委员会”，与掌握大量专业知识、分析技能和/或在决策做出后负责执行的多数人。“项目小组”为决策委员会做大部分的准备工作。这两个团队之间的对话必须顺应形势，重视关键的可交付成果，以确保实现优质决策。对话决策过程的基本要素会在第12章描述。

内容挑战

具体决策的主题或者“内容”，也会变成挑战，影响实现优质决策的方法。内容可能非常复杂，难以实现。有时，相关数据和专业知识很难找到或者根本就不存在，可能需要具有高水平专业知识的主题专家（SME）来搜集、分析、模拟及解释复杂的技术信息。这些主题专家并不总是能找到——而且他们也并不总是同意做这些工作。这些与内容相关的挑战在战略决策中非常常见。例如一项关于在新的国家销售产品的战略决策，如果不知道该国的准入法律规定、市场潜在规模或新消费群体的偏好，就无法做出这项决策。寻找恰当的专家意见可能很简单也可能很难，但无法获得可信可靠的内容可能会导致决策失败。

可能的决策陷阱

决策本质的最后一个方面是关于我们可能遇到的决策陷阱和偏见。这一决策涉及的是熟悉的领域，大多数常见的决策陷阱都已经被知晓并且按照管理方法弥补了吗？如果是这样，那只要采取适当的措施抵消偏见，基本上就不会出现意外。如果该领域不是熟悉的领域，那么问题可能更多、更难以发现。这种情况下，决策过程应该包括对潜在偏见和可能的决策陷阱及其解决技巧的集中搜索。这些话题将在第10、11章中解决。

调整以适合决策

这一讨论的基本要点就是一个尺寸不可能适合所有人：决策过程必须适合决策情境。但是，有效决策过程有一些共同点。它们以有意识地宣布需要做出决策开始，并从这一重要开端展望终点，宣称："当我们实现优质决策的六大要素时，我们的决策过程将完成，并且我们将准备好做出决策。"

掌握了对决策情境的诊断，我们就会明白这个决策有多大（级别）、有多复杂（组织上和分析上两方面），内容实现度有多高，以及偏见和决策陷阱会带来什么样的麻烦。图3.3对决策本质的各个方面进行了总结。

这些诊断帮助我们回答了以下问题："我们应该选择哪种决策过程，以及我们应该如何调整。"如果决策落入图3.3中每一方面的左侧，那么优质决策考核循环会很有用。如果其中几个方面落入右侧，那么对话决策过程会更合适。不管哪种情况，必须调整决策过程以应对决策的具体挑战。例如，如果内容是首要挑战，优质决策考核循环可以扩

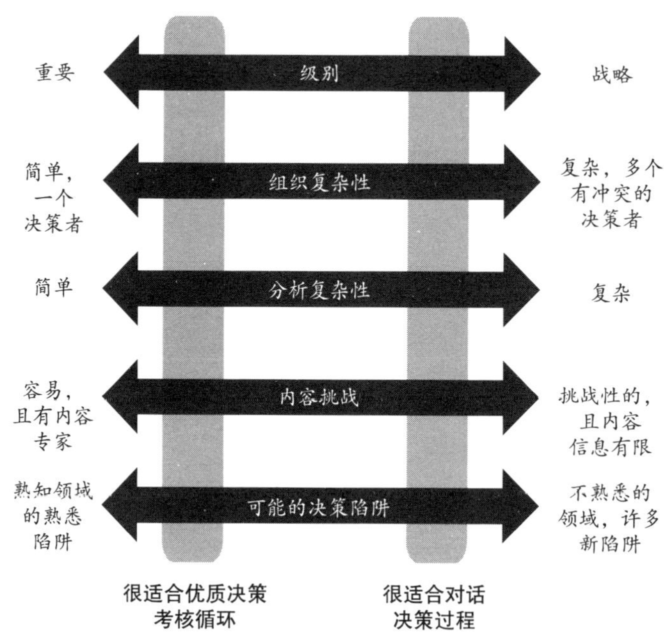

图3.3　诊断决策本质的五个方面

展为包括与专家密集互动。在其他情况下，对于分析复杂性有限的复杂战略决策，对话决策过程可以简化。

在诊断阶段回答了第二个问题：“情况复杂且困难到必须有专业人士帮忙吗？”重要、复杂的大决策可能需要决策专业人士帮忙指导决策过程。受过良好训练的决策专业人士利用有效的便利技巧解决组织复杂性，还利用强大的工具解决不确定性及其他分析挑战。但是首先，他们帮助设计适合决策的过程。

* * *

任何有效决策过程的目标都是实现优质决策。第2章简要介绍了优质决策的要素，接下来的章节，本书的第二部分，将更详细地介绍每个要素以及如何判断它们的质量。

记忆要点

- 宣布需要决策是有意识且经过深思熟虑的领导力行为，其引发行动。
- 决策议程为重要和战略决策提供系统的工作流程图。
- 好的决策过程必须将优质决策视为终点。
- 在通往优质决策的途中可能会遇到决策陷阱和偏见。
- 复杂性和内在困难使得人们倾向于简单化、走捷径，满足于“足够好”的快速选择。这样做会放弃价值。
- 避免决策陷阱和偏见的最佳方式是意识到常见偏见，严格追求优质决策要素。
- 决策过程应该调整以适应决策本质：级别（快速、重要或战略）、复杂性（组织和分析）、内容挑战及可能的决策陷阱。
- 优质决策考核循环使用优质决策要素作为重复列表，可以调整以适应级别有限、复杂性低的问题。

• 对话决策过程是决策委员会和项目小组之间的结构化互动，是解决复杂战略决策的有效方法。

• 复杂且困难的战略决策可以在决策专业人士的帮助下得到最好解决。

注释

1. 杰克·多尔西，参见2015年5月21日播客视频《市场》（*Marketplace*），主持人卡伊·吕斯达尔（Kai Ryssdal）。点击观看http：//www.marketplace.org/shows/marketplace/marketplace-thursday-may-21-2015。

2. 关于快速决策的更多内容，参见Gary Klein，*The Power of Intuition：How to Use Your Gut Feelings to Make Better Decisions at Work*（Doubleday，2003）。同样参见Malcolm Gladwell，*Blink：The Power of Thinking Without Thinking*（New York：Little，Brown and Company，2005）。当决策者在自己的专业领域内或面对突发事件时，可以依靠模式识别模型做出快速决策。在一些情况下，这些模式非常有效。我们可以改进自己的快速决策习惯；但是，直觉判断不应该用于那些值得深思熟虑的决策。直觉和审慎决策各司其职。最重要的决策技巧就是学会停下来思考，选出合适的方法。

3. 关于决策分析的教材，参见 Ronald A. Howard and Ali E. Abbas，*Foundations of Decision Analysis*（Pearson Education，2016）。关于应用决策分析的更多内容，参见Peter McNamee and John Celona，

Decision Analysis for the Professional，4th ed.（SmartOrg，2008）。同时参见Gregory S. Parnell，Terry A. Bresnick，Steven N. Tani，and Eric R. Johnson，*Handbook of Decision Analysis*（Hoboken，NJ：Wiley，2013）。

4. 博学多识的读者可能会发现，优质决策考核循环包含朗·霍华德在他1966年的重要论文中首次提出的决策分析循环概念。参见Ronald A. Howard，“Decision Analysis：Applied Decision Theory，”in *Proceedings of the Fourth International Conference on Operational Research*，ed. D. B. Hertz and J. Melese（New York：Wiley-Interscience，1966），55—71。

第二部分

优质决策的六大要素

DECISION QUALITY

第一部分整体概述了优质决策框架，包括对优质决策六大要素的简单介绍。第二部分将更加深入地探讨这些要素。每章详细描述一种要素，介绍相关实用工具，并解释如何在做出决策之前判断该要素的质量。每章讨论的结尾都有“行动中的”实例，这些实例是基于决策专业人士在各种行业的商业决策中应用优质决策的经验。

4

合适的框架

问题表述清楚了，就解决了一半。

——查尔斯·F.凯特林

合适的框架回答了“我们面临什么样的问题或机会”。很多时候，这一本质问题的答案还未清晰，决策就已经做出了。我们没有为决策制定一个清晰的目标，没有有意识地确定自己的设想，或者没有考虑到我们要解决的问题的界限。如果决策涉及其他人，我们不与重要的利益相关者——尤其是对手——分享自己的观点。相反，我们不加考虑便下意识地假定一个框架，然后一头扎进去，解决我们以为自己已经知道的问题。

阿尔伯特·爱因斯坦曾经这样宣布制定框架的重要性：“如果我有1小时的时间来解决问题，我会花55分钟思考这个问题，5分钟思考解决方法。”爱因斯坦的宣言是在提醒我们，花费在制定合适框架上的时间是非常值得的；这是我们能够解决正确的问题，确保决策有效且高效的最佳保障。

周五下午困境

现在是周五下午4点30分。你的上司皱着眉，站在你的办公室门口。看起来有点麻烦——确实如此。

“我们遇到了一个问题。”她走进来，坐到你办公桌对面的椅子上说，“西区刚刚发给我最新的销售数据——比周一告诉我们的低了20%。这个变动太大了，大到足以出现在我的上司——销售副总——周一一大早要汇报给董事会的报告材料中。如果他用那些旧数据，肯定会当众出丑的。”

这段话说的是对未来的预测，你很不高兴。你必须在5点整准时出门，与伴侣一起吃饭，然后观看现场戏剧演出。演出的票就在你口袋里——而且很贵。

你的上司俯下身子：“你的报告初稿做得非常好。我就靠你了。”她眼中的亮光总是隐藏着特殊请求。这就来了。“我们必须用最新的销售数据更新报告：新的数字、内容修改，还有新图表。没有别的办法了。所以，我希望你今晚能多留几小时，把最后一部分重做一遍。最新的数据我已经用电邮发给你了。你觉得什么时候能改好交给我？需要我给你点个比萨吗？”

你该怎么办？一个声音在你脑海中喊着：“不，不要今晚！我有约会。我买票花了150美元。我必须拒绝！但是如果我这么做了，可能会影响我的绩效评估，下个月就要评了。”

而同时，另一个声音说："如果我为她做了这件事，这就是我在两个月内第五次费心劳神地帮她解决大问题了。或许再帮她一回，她暗示的升职加薪就能兑现了。"

所以，你会怎么做？留下来还是走？做出这个决策之前，先问问自己一个框架问题："需要做出什么样的决策？"就像你上司呈现出来的那样，应该准时下班还是留下来加班这么简单吗？或者，是否还有更好的框定决策的方式？比如"我怎样才能解决上司的困境并且不爽约"，又或者"我应该如何利用这件事提高自己的绩效评估，升职加薪"，又或者"上司一点也不尊重我工作生活兼顾的想法。这是一个结束她这种咄咄逼人的行为的机会"。这些框架中每一个都会带领你走上截然不同的路径。

框架的关键组成部分

决策框架使我们踏上界定我们致力于解决的问题的路途。我们很容易根据别人扔过来的框架跳入一个问题——就像故事中上司摆出的选择，或者根本没有思考框架就开始行动。但是，以上任何一种都会引导我们去解决错误的问题。要制定更好的框架，我们需要退一步，根据框架的三个组成部分——目的、观点及范围，有意识地思考当前处境。

目的

"目的"理清决策到底是什么。我们大多数人都参与过这样的项目：大家对于试图实现的没有实质的共识。由于缺乏共同目的，这些项目从一开始就注定会失败。

为了在处理决策情境时明确目的，必须回答以下问题：

- “我们试图解决什么问题？”或者“我们面临什么样的机遇？”
- “为什么要这么做？我们希望达到什么样的效果？为什么是现在？”
- “我们如何知道自己是否成功了？”

这些问题的答案并不总是那么明显。当有多个人参与时，他们的回答可能会大不相同。明确地讨论这些问题可以显著提高与决策相关的后续工作的效率和有效性。如果我们可以在共同目的上达成一致，那么，我们做出良好决策的能力就会增强，因为所有人都将努力实现相同的目标。还有第四个问题也可以帮助理清目的：“我们可能会因为什么而失败？”

观点

由于个人经验、专业训练及个人价值不同，每个人对某一决策都会有自己独特的“观点”。观点是我们对情况或决策的看法。例如，在回答“有什么问题？”这个问题时，受过多年训练、经验丰富的金融分析师可能更倾向于从金融方面看待情况——“在我看来似乎是现金流的问题”，而忽略对其他人来说可能很明显的市场化生产问题。金融是她在工作中看世界的透镜，这个透镜为她提供的角度可能很珍贵，但也有局限性。

我们的观点是我们思维的一部分——是我们的立场、我们看待世界的方式。观点是许多无意识假设和信念的产物，并且由个人性格、思维习惯、经验和学习塑造。如果没有有意识地反思自己的观点就进行，我们可能会做出带有错误假设和荒谬信念的决策。正如威尔·罗杰斯所说："伤害我们的不是我们的无知，而是我们知道的并非如此。"意识到我们相信的东西"并非如此"通常很难靠自己完成。所以，与他人分享观点，与其他利益相关者共同制定框架，能够加深我们对决策问题的理解——尤其是当观点各不相同的人参与进来时。如果所有人都能保持学习的心态，避免一味维护的话，多样化观点是非常有价值的。

有意识地审视自己的观点而不是草率地一头扎进去，帮助我们避免了错误的开端，许多决策努力就是因为这种错误的开端而被削弱的。一个非常实用有效的扩充自己观点的方法就是苏西·韦尔奇推荐的，根据10-10-10原则来考虑情况：接下来的10分钟、10个月、10年[1]。

范围

"范围"是框架的第三个组成部分。范围决定决策的哪些方面需要考虑，哪些不需要考虑。例如，广告决策可能提供以下范围选择："我们应该重点关注单个产品，还是关注整条生产线？"限定范围就像是选择我们想要排干的沼泽。从这个意义上来说，范围是围绕问题设定界限。

将范围想象成照片的边框。框定照片时，你会有意识地确定哪些要包括在框内、哪些要忽略。许多摄影师用变焦功能来框定照片。改变框架会带来巨大影响。一方面，拍摄足球比赛时缩小得太远会看不清比赛内容。另一方面，放大得太近可以帮助观众看到有趣的后踢，却看不到该球员周围的重要活动——如准备截球的对方球员。同样的概念也适用于限定决策界限：太宽的框架可能导致丧失关注点，而太窄的框架可能导致失去机遇。

周五下午困境框架制定

在本章开篇的周五下午困境中，仅将决策框架限定为是留下来加班还是去看演出就太狭隘了。接受这一扔过来的框架必然会造成非输即赢的情况。制定更好的框架是可能的。

思考目的、观点和范围会如何帮助解决这一困境呢？与上司交谈可以将多重目的置于桌面上。你可以提供多个想法：第一，你们俩都希望周一早上副总能准备充分；第二，你想表现出自己是可靠的团队成员；第三，你希望能信守承诺。你的伴侣是这个决策中关键的利益相关者。分享你对于即将到来的员工绩效评估以及个人承诺的看法，可以帮助你的上司从你的立场来考虑情况。她可能也会提出一些其他的目的。她肯定想支持她的上司，也就是副总。她可能还想防止这种滞后报告的问题再次发生。对待这种情况有不同的观点，并且很有希望有一个是你们俩一致同意改天再解决的。

在目的和观点上达成一致后，现在，你可以对你的上司说："我们怎样完成这项工作才能既保证您和副总成功，同时兼顾我今晚的约会？"考虑到这一点，范围可以包括谁来做以及何时完成这项工作。你想成为那个雪中送炭的人吗？如果是，那或许你不想提议让其他同事来做这项工作。相反地，你可能会提出一个创造性的解决方案，既能赴今晚的约会，又能挽救大局——明天，周六早上谈工作绝对是双赢的方式。不管你和你的上司最终如何决定，一开始在框架上达成一致将提高决策质量。

延伸实例：房屋决策

为问题或机遇制定框架并不总是很简单，正如合著者卡尔和他妻子莱塔的故事中阐释的那样：

> 一天早晨，莱塔对我说："卡尔，我想我们的房子应该重新刷漆、重新铺地毯了。"我四处看了看，发现她说得很对。我的回答是："如果要这么做的话，或许我们应该考虑先重新改造一下厨房和游戏室。不管怎样，接下来六个月我们都要当'空巢老人'了。"
>
> 然后很快，我们又在讨论重新布置卧室及房子的其他部分了。而且，在我们说"花钱"之前，我们先雇了一名设计师。

我们的想法越来越多——花的钱也越来越多。某一时刻，我们得出的结论是，我们应该考虑换个已经配备了我们想要的这些设施的房子。于是，我们考虑到房子的位置应该方便我上下班。此时，我的妻子问我："卡尔，你打算再干多久退休？要是你不工作了，我们住在哪儿都行。"很快，问题又扩大到了"那么，我们剩下的人生如何度过"。

刷漆铺地毯这项工程需要两个月，花费2000美元，规划我们的余生却是一个很大的问题，涉及大量金钱及对生活品质的重大影响。我们需要好几年来解决所有这些问题。那么，我们应该关注什么样的决策呢？

卡尔的故事是为了告诉我们：决策并不是包罗一切的。很多时候，决策就像是一碗意大利面：扯一根面条会带出其他许多根。我们必须解开交织的问题，用合适的框架限定一个可以解决的问题。

当卡尔在一次行政研讨会上第一次讲述上面那个故事时，显然许多与会者对他的决策情境都感同身受。那天晚宴时，几乎每张桌子上讲的都是类似的故事。其中一位与会者说："对我们来说，问题始于一幅画。我们去了艺术博览会，非常喜欢那里的一幅画。我们想着如果挂在沙发后面真是棒极了，但是挂不下，所以我们正在考虑换个新房子。"不管卡尔什么时候讲起这个故事，都会引起哄堂大笑，或许是因为我们太多人都有相似的经历吧。

制定合适的框架

限定待解决的问题是每个重要决策中最基本的部分，并且需要有意识地去关注。通过实践，这会变成一种思维习惯。还没有理解需要解决的问题就急着开始寻找解决方案，这真的太容易了。对国内运输业务的领导者来说，这样的情况太常见了，所以他引进公司规范，要求每项预算请求都必须包括对于待解决问题的陈述。企业希望更加规范地制定自己的决策框架。

制定框架始于我们询问决策目的等有效问题、检查各种观点时，参见之前章节列出的框架的关键组成部分。这些问题让我们初步了解决策“是什么”，“为什么”要制定决策。在卡尔的故事中，一些不同的目的和观点在对话初期显现出来。最终，卡尔和莱塔一致同意，他们的目的是在未来5～10年内找到最佳生活状态，并且他们的观点是，即使是在孩子们都长大后，他们仍然希望保持在距目前的房子10英里的范围内居住。

要探讨制定决策的恰当过程，还需要问一些问题：应该如何做出决策？什么时候做？谁应该参与进来？一些潜在的问题包括：

- “决策的难点是什么？这个决策有多重要？解决这个决策时，我们应该采用什么方法？”
- “谁应该参与决策？谁能为讨论带来有意义的、差异显著的观点？”

- “谁应该负起领导责任？”
- “在达成一致的过程中，需要考虑什么政治因素/冲突？”
- “制定这一决策的最佳时机是？”

（本书第三部分包括更多关于限定决策过程的信息。）

当然，决策涉及的人越多，答案就会越复杂。对卡尔和莱塔的房屋决策来说，他们一致同意两人一起在三个月内共同制定决策。经验告诉他们，他们需要发挥各自的力量，在最后的选择中达成一致。他们的决策应该可行，并且两人都觉得正确。

决策层次：框架制定工具

如图4.1所示的“决策层次”可以帮助限定决策问题的范围，提供重点，防止框架包括得太多或太少。在决策层次中，手边的具体决策划分为三类：

1. 已经做出的，被视为给定的；
2. 现在需要关注的；
3. 可以以后或单独做出的。

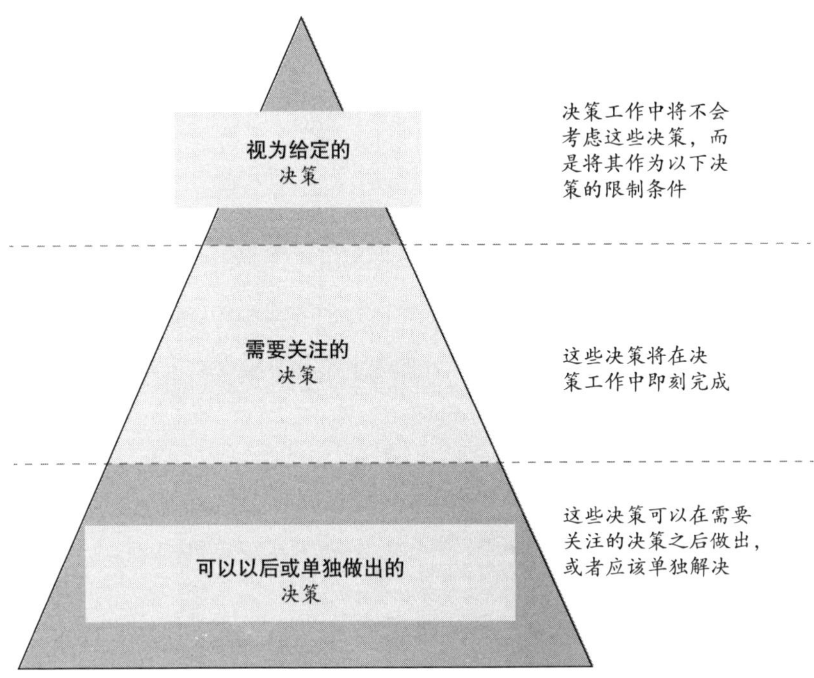

图4.1　决策层次解剖图

由于决策层次的目的在于理清决策，因此应该只包括我们能做或能控制的事情。从一开始就明确什么包含在问题范围内、什么不包含在内，可以使决策更有效率。问题范围不明确或不一致会导致停滞不前以及对关于应该做什么的诸多争吵。

在他们的房屋决策中，卡尔和莱塔一致同意，他们应该在加利福尼亚的同一地区再生活至少5～10年，他们负担得起搬家，并且现在正是一起做出“应该做什么”的决策的好时机。这些事情决定之后，他们得出结论：将来搬到另一座房子去是可行的。这使得他们可以将“我们剩下的人生如何度过？”这个宇宙难题放到一边，转而重点关注他们现在需要做出的决策。图4.2显示出他们的决策层次。有了这个，待解决的决策范围就变得清晰了。

任何已经做出的相关决策都可以视为给定决策。这一类型的决策限定了对其他一切的选择，因此，应该仅包括那些完全在我们控制之下、已经确实决定的决策。想象一下，如果卡尔和莱塔没有决定他们接下来

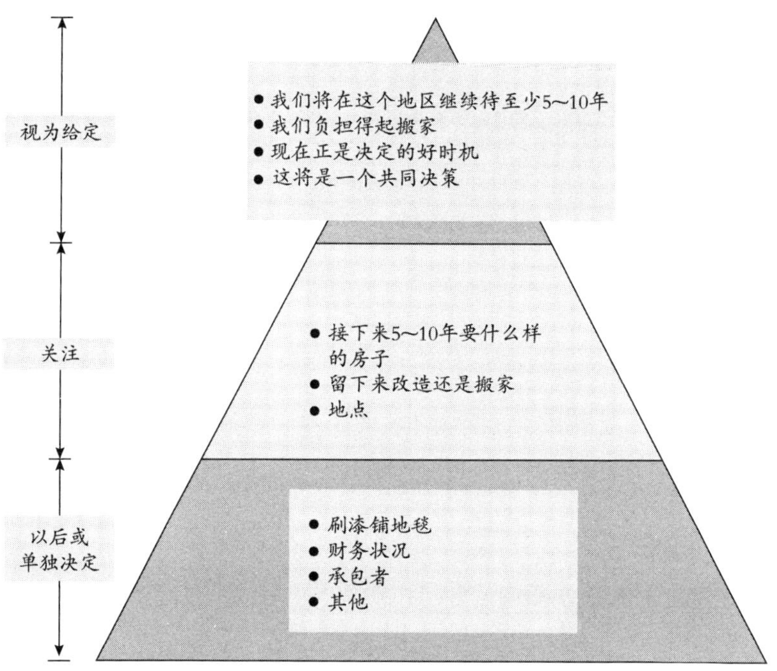

图4.2 卡尔和莱塔的决策层次

5～10年还要继续待在这个区域，他们会做出怎样不同的决策。而且，这个层次只是针对决策，不完全由我们控制的愿望和目标不属于该层次。例如，卡尔和莱塔可能希望他们购买的下一座房子能成为高回报的投资，可以帮助解决他们退休后的开销，但这不是他们可以做出的决策。房子的未来价值是受包括房地产市场动向在内的许多因素影响的不确定性事件。虽然试图将期望放入“视为给定”的桶中，但那里没有它们的位置。

“需要关注”的决策是卡尔和莱塔此刻要决定的决策。这些决策才是他们要集中精力和努力解决的。其他决策可以“以后或单独考虑”，并且可以依赖于已经做出的需要关注的决策。例如，要选择涂料的最佳颜色可能要基于房子已涂的颜色。在商业领域，领导者必须约束自己，关注最重要的决策，不要只关注自己知道如何解决的决策。搞清楚决策层次就已经在限定合适框架的道路上迈出了一大步。

可能出错的事

掉进差的决策框架很容易。这是一直都在发生的事。人们没有有意识地思考框架就急于解决问题。他们急于行动，一头扎进去。其实，他们真正该做的是停下来，思考一下目前的情况，问一句：“现在面临的问题（或机遇）是什么？”

还有另外两个常见错误需要注意。第一，扭曲情况以适应我们先入为主的偏见。这就是“舒适地带偏见”：我们将问题拖入我们的舒适地带，解决我们知道该如何解决的问题，而不是需要解决的问题。这是一个非常大的陷阱，我们称之为“重大偏见”，第11章中将对其进行进一步探讨。将问题拖入我们的舒适地带可能源自我们的性格、思维习惯、接受的专业训练、经验或技能。其结果通常是不合适甚至是可预测的框架。人力资源专家往往会将问题视为组织或人力问题，而对于同样的情况，工程师可能会将其视为系统或技术问题。这些局限性的观点和思维习惯可能大大影响问题框架的制定。

其他常见错误是，关注在框架问题上达成一致的最快或最简单的途径。由于无意识地希望简单化，或者期望迅速行动或避免冲突，最后得出一个过于局限的框架并不是什么稀罕事。这样的“狭隘框架”就是第11章中讨论的另外一种重大偏见。但是，欲速则不达，冲突也不一定是坏事。包容冲突可以确保将不同观点纳入问题——所以在决策框架制定初期，花时间纳入冲突观点通常是非常明智的。

判断决策框架质量

优质决策的终点是优质决策的每一要素都达到100%，其中，100%意味着继续付出努力与获得的价值相比不值得。为了判断是否达到阈值，决策者应该在框架最终确定之前问一些问题来检验框架。这些问题也可以改进框架。

为了评估框架质量，我们必须明白框架是什么，并且愿意问一些深刻的问题。在理解了决策问题以及什么合适的基础上，娴熟的领导者会寻找本章列出的这些基本问题的答案。这个人还将探查基本问题之外的问题，以确保避免框架失败，这些问题包括：

- "我们需要关注的决策是什么？该决策问题框架的决策层次是什么？"
- "如果给定决策中有一个变成了需要关注的决策，框架应该如何改变？"
- "这个框架与那些很容易想到的框架有何不同？"
- "对于这个决策问题，还有哪些可行框架？谁有引出不同框架的不同意见？"

诸如此类的问题可以在决策过程初期用于判断框架质量。好的框架必须有好的开始，并且通常会随着其他优质框架决策要素，如选项和信息的探索而改进。一旦框架达到100%，优质决策的要素就满足了。

行动中的框架制定：产能不足案例

一旦完成，好的框架通常看起来很明显。但是，实际上，找到“明显”的东西可能要付出许多努力；挑战传统思维可能是必须的。这一点在接下来的案例中可以看出[2]。

几年前，一家生产商面临一些与扩大生产设备产能相关的艰难决策。已经有一个项目小组陷入了各种选项，涉及需要改造的工厂、要增加的设备类型以及要购买的新机械设备数量。为了提高决策质量，该小组被要求在一头扎进去之前先形成框架。

随着该小组对“我们为什么要这样做？”等问题的探索，你可能会期望他们谈一谈他们无法满足的产品需求以及对利润率的影响。有趣的是，无法满足需求的问题出来了，利润率问题却没有。为什么？该小组开始整合所有关键产品的基本成本和利润信息。

一切很快明了：约有1/3的产能竞争产品是亏本的。这导致对于这一问题截然不同的观点。如果该小组继续执行最初的框架，他们可能会建议产能扩张方面的资本支出，这将进一步降低利润率。最终，改进的框架关注的中心问题是：如何给产品定价，提供哪种产品（下架哪种），以及如何重新配置已有工厂产能以大幅提高其赢利性效用。

找到清晰的决策问题框架是优质决策中很重要的一部分。框架为可以考虑的选项设定舞台。如何找到优质选项是下一章将要关注的内容。

记忆要点

- 框架回答的问题是：“我们试图解决什么问题？”
- 框架的三个组成部分是目的、观点和范围。
- 合适的框架避免解决错误的问题，其同样使决策工作更轻松便捷。
- 常见错误包括没有有意识地思考框架便一头扎进去，沦为舒适地带重大偏见的受害者，或者将问题框架设定得太狭隘。
- 决策者有责任判断并在必要时改善框架质量。

注释

1. 参见Suzy Welch，*10-10-10：A Fast and Powerful Way to Get Unstuck in Love，at Work，and with Your Family*（New York：Scribner，2009）。

2. 优质决策每项要素的讨论都包括一个“行动中的”故事。这些故事描述了在商业领域应用优质框架要素的真实经验。这些故事及文中的其他小例子都是基于战略决策集团咨询师的真实经历。

5

创造性的选项

遇到问题时，我们经常会问自己“我该怎么办？”，而问“我能怎么办？”可以帮助我们发现所面临的选择的选项。

——约翰·贝希尔斯和弗朗西丝卡·吉诺[1]

选项是可能的行动路线，限定在决策框架背景下的可以做的事情。没有选项，就很难从生活中得到我们想要的。实际上，没有选项的决策并不能算是真正的选择。由于决策不可能比最佳选项更好，因此，找出一组能够真正代表我们力所能及的范围的好选择就很重要。寻找能帮助我们最大限度地得到真正所想的选项需要创造力及不懈努力。

考虑一下笔者公司——SDG——几年前遇到的一个情况。多年来，SDG一直以优惠价格租用加利福尼亚州门洛帕克的沙丘路一处著名地点的顶级办公楼。SDG是一家专业咨询公司，但一直与大企业保持竞争关系。因此，总部地点的选择对与大公司竞争销量的SDG高级员工来说非常重要。

沙丘路的大厦周围是自然美景，办公室空间很大，设施中收藏着著名的美国现代艺术作品。这里去280号高速公路、旧金山国际机场和斯坦福大学都很方便，这一点更是锦上添花。

当租约需要续签的时候，我们必须做出决策：“我们应该将公司总部设在哪儿？”大家一致同意SDG应该继续留在旧金山半岛上，同时也就包括四大主要决策在内的框架达成了一致，如图5.1的决策层次所示。

结合这一框架，有一个选项很明显：留在原地不动，续签沙丘路的租约。但这个选择并不简单。大厦老板想把租金提高250%——比本区域相似的顶级大厦贵了很多。更糟糕的是，他计划用两年的时间对这一区域进行重新装修。“在你们目前的区域清空重装期间，我们可以将

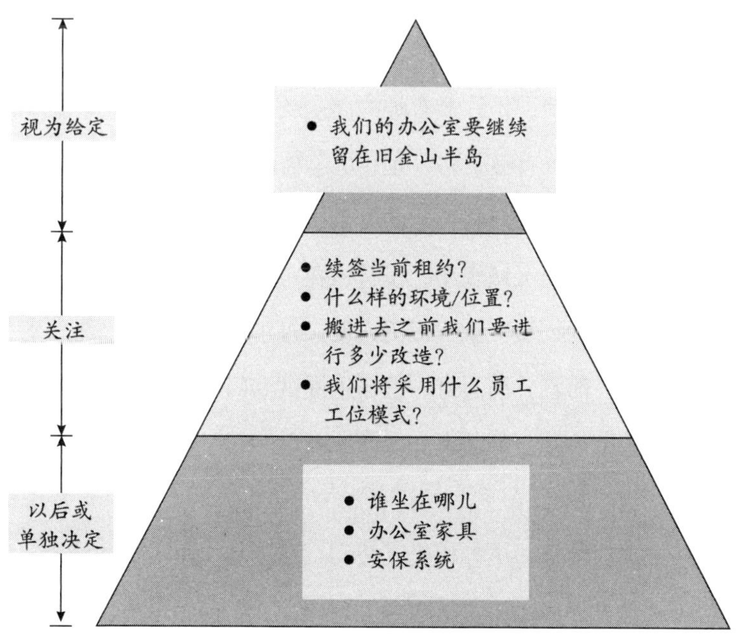

图5.1　SDG办公室搬迁决策层次

你们安排在大厦的其他部分。”他们说，“等装修完成，你们再搬回来租用。”

要搬两次家、付高额租金（后续还有些费用），还要忍受两年施工噪声和打扰，这样的预期很多员工都不喜欢。但是，还有少数人支持留在原地。“这里的环境真的太好了，”他们争论说，“而且沙丘路与知识资本密切相关——这是我们的备用存货。我们的客户非常喜欢这个地方。我们应该留在这儿。”不幸的是，沙丘路上没有其他办公楼可以满足公司需求，因此，SDG需要基于现状考虑选项。有两个已经明确：

- **搬到帕洛阿尔托市市中心**。走路就可以到斯坦福大学，有人性化的人行道，非常时尚，是许多有趣的商店及小餐馆的所在地。这个选项对许多员工来说都很有吸引力，尤其是年轻员工。
- **租赁当前位置北部将要建的办公楼，这里靠近福斯特城的101号高速公路**。这个办公区域较小，没有沙丘路的环境好，也不如沙丘路档次高，但离机场近，员工上下班更方便，对于住在旧金山及港口对面的客户也更方便。而且，与为每一位员工提供专门空间相比，在较小的办公室内采用旅馆式办公可以为公司节约资金。

这三个选项中每一个都代表了公司、员工及客户不同的价值，每一个都代表其独有的成本、实体布局、环境、员工通勤距离、主要客户及与其他地点（如机场和斯坦福大学）的距离等。明显地，这些选项值得认真考虑。

好选项的特点

在决策中，我们选择能看到最大价值的选项。因此，要实现优质决策，选项列表应该足够大、足够多样化，以包括各种可能性。它们应该是“好”的选项，也就是说，它们应该：

- **有创造性**。决策应该包括创造性的选项，这些选项不是显而易见的或基于常规思维。这些选项是突破常规的。创造性思维通常不包括含有大量意外潜在价值的选项。
- **差异显著**。选项之间不应该只有微小差异，而应该在真正重要的地方差异显著。差异显著的选项挑战目前的思维方式，以全新的方式解决问题。
- **大范围选项中的代表**。两个选项很少会够。选项应该覆盖所有可能的选择，因为人永远不可能提前知道最大的价值源头藏在哪里。
- **供选择的合理竞争项**。每个选项都应该是可以确实选择的。在一组好的选项中，没有诱惑性假选项及“显然很差”的选项的位置，那些显然很差的选项没有提供任何目标，只是通过对比使其他选项显得更好。也没有那些绝对会被否定的荒谬选项的位置。但是，我们不应该因为觉得一个选项会被否定而太早轻视它。一个有逻辑、代表真正价值、恰当描述的选项可以与其他选择竞争。

- **有吸引力**。每个选项都应该有能够激发兴趣和激情的足够的潜在价值。当一个选项促使至少一个人说“我们真应该好好研究一下这个”时，这个选项就是有吸引力的。
- **可行**。可行的（可做或可以有所行动的）选项是指能够真正实施的选项。如果不可行，那它就不应该出现在选项列表上。即便如此，在适当地探索可行性之前，还是不应该太早轻视半成熟的选项。
- **数量可控**。3个选项一般优于2个选项，4个选项也可能优于3个选项。但是，并不能因此就说，20个选项优于4个选项。后面我们将会看到，必须对每个选项进行分析、评估，并与其他选择相比较。我们需要的是一组可控的选项——涵盖多种明显不同的，同时在我们的分析和比较能力之内的选项。在相对简单的决策问题中，三四个选项可能就够了，而更复杂的决策问题可能需要4～7个选项，或者更多。

太疯狂了？

某跨国公司的一个小组接受了一项任务：制定新的业务战略。小组成员想出了一些很好的点子，但是，为了不让公司保守的领导们觉得遥不可及或太激进，他们进展得非常缓慢。他们觉得最好不要挑战常规。

当同事迫使他们更大胆些时，该小组想出了一个他们觉得“超级激进”的战略，但是，因为害怕会被嘲笑到狼狈而逃，他们不打算将这个战略汇报给上司。然而，经过对这个想法的一些整理和充实后，他们鼓起勇气，一致同意将其汇报给公司领导，如果他们觉得这个战略太激进的话，就让他们否决。

令他们惊讶的是，这个“疯狂的”想法引起了公司高管的极大兴趣，他们问：“这个战略真的可以实施吗？”该小组确认确实可以后，公司为他们提供了足够的时间和资源。所有人都认为这个战略与他们目前的业务模式相比更冒险，但现在是时候考虑一些截然不同的东西了。于是，该小组得到指示，继续进行下一步——分析和评估，确认了一些令所有人惊讶的东西：他们这个激进想法的潜在价值是列表上的其他任意战略选项的四倍。

博弈这一阶段的目标就是产生一组特别有吸引力、特别有创意、潜在价值特别高的选项，决策者愿意在决策之前评估其中的每一项。产生选项的任务有两个明显不同阶段：扩大和缩小。扩大阶段的目标是在合理的时间内摆出尽可能多的好想法。该阶段与评估无关。实际上，创意和评估都是非常独立的活动，不会掺和到一起。产生选项涉及创造性思维，不管是个人的还是群体的。个人通常可以通过不断权衡各种想法来做到这一点，甚至在睡觉时产生有前途的想法。当涉及群体时，头脑风暴和名义群体技术通常很有效，描述这些技巧的资源都可以找到[2]。

有效的创意生成一般会产生数量庞大的合理选项，但是，由于没有人有时间或资源去评估十几个甚至更多，我们开始进入缩小阶段，在这一阶段，列表减少至一组可控组。该可控组包括最有吸引力、代表各种选择的可行想法。

在SDG办公室搬迁的案例中，早期的讨论生成了六个选项的列表。该列表经过进一步检验，之后缩减为三个选择，这三个选择保留了选择的广度及初始列表的创意性。

战略表：选项限定工具

缩小阶段的最后，留给我们一张可控选项列表及每个选项背后的基本思想。继续进行之前，需要对每个选项有扎实的理解。“战略表”可以帮助我们做到这一点。战略表理清了如果选择某个特定选项，将会做出哪些相关选择。其准确展示了每个选项如何匹配在框架内，并且突出了选项之间的异同。战略表对涉及多个相关决策的战略选项来说最有效。

图5.2显示出战略表通常是如何组织的。该表上部的列标题为该问题的“关注”类的每一个决策。这些来自决策层次（这个例子中参见图5.1）的中部。每个决策下面的一列包括一组该决策可以考虑的选项。决策名称或者主题，在左边单列一列。在图5.2中，这些都是

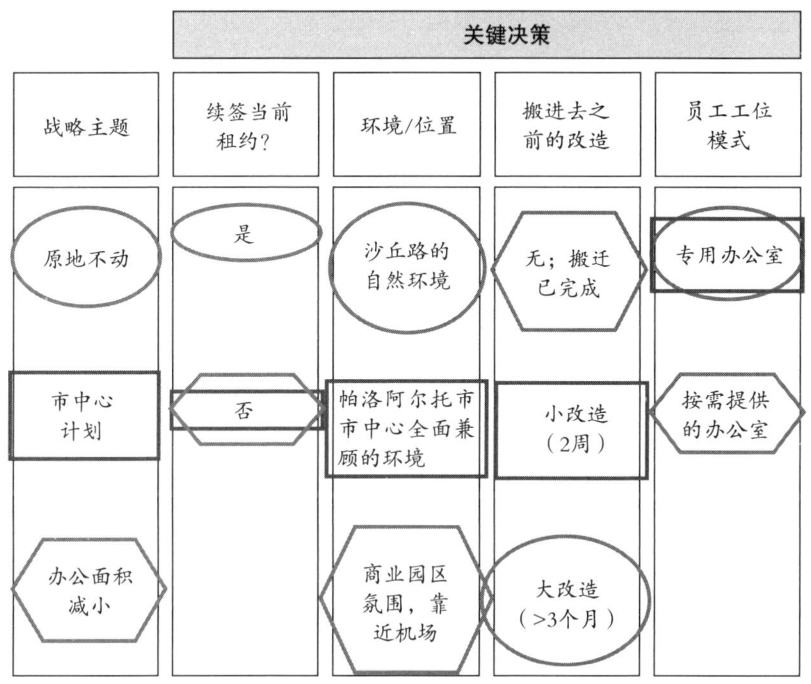

图5.2 SDG办公室搬迁战略表

与SDG办公地址变动相关的战略："原地不动""市中心计划"以及"办公面积减小"。为了完成这个表，我们将这些战略跨列连到一起。这样做的目的在于标记一组限定每个战略选项、统一连贯的选择——每列一组。

例如，如果SDG的战略是原地不动，决策将包括续签租约、继续为员工提供同类型的工作空间。市中心的选项需要重新装修，但在全面兼顾的城市环境中再现了相同类型的工作空间。如果选择的是办公面积更小的选项，一些专用办公室将取消，以根据需要为公司的“通勤勇士”们提供旅馆式系统的工位。

战略表提供了一种条理展示选项的方式，以准确理解每项所包含的决策，从而对其进行比较。该表还便于检查重复条目——涉及选择相同的选项，或组内的遗漏——如当一列中的某个选择没有包含在任何选项中时。

可能出错的事

生成高价值选项中遇到的一个挑战就是人类倾向于抓住第一个可以接受的行动方案不放——也就是前面几章中描述的“足够好”综合征。如前所述，心理学家使用的术语是“令人满意的”。我们都是某种程度上的满意者，必须努力克制接受第一个满足情况基本要求的行动方案的冲动。我们大多数人并不能自然而然地冒险跳出常规，更深入地挖掘更大的潜在价值。

“足够好”可能是最简单便捷的行动方案，却鲜少是最有回报的方案，因为它让我们对其他或许更好的可能性浑然不觉。不考虑非明显选项的人带着巨大的盲点前进，把本质价值弃置不顾。在商业领域，“足够好”的决策者可能会将决策的价值切成两半。通过养成在重大决策情境中追求最大价值的习惯，我们都可以更加成功——这意味着在做出决策前要生成一组好的选项。

改进选项

创造性经常会带来意外的、有价值的选项。创造性还可以改进现有选项，从而提高已有选择的价值。当卡尔和他的妻子莱塔决定搬到新房子时（参见第4章），重新思考并改进一个次优选项可以使其成为比刚开始出现时更好的选择。

作为决策过程的一部分，卡尔和莱塔已经认真看过许多房子。经过此番搜索，他们非常喜欢一个树木茂盛的街区，并且看上了其中的一套房子。他们非常喜欢这套房子，已经准备签订购房协议了。

但是，附近的一处寓所吸引了他们的注意力。这处寓所的建造已经完成了约95%，环境更好，外观也更漂亮。但是有一个严重的问题，卡尔和莱塔都无法忍受。这片地上生长着茂密的毒葛——有些地方长到了窗户上，而且房子内部格局功能性不强。另外，因为某些原因，建造者在厨房区域装的窗户非常小，导致厨房采光不好，进而影响了本来可以很美的景色。“而且这个前门玄关像个山洞似的。”莱塔补充说。

种种缺点使他们排除了第二套房子。一号房子虽然价格高一点，但满足了他们的需求，而且可以立刻入住，似乎这才是最好的选择，夫妻两人准备签约。但是，第二天，他们接到通知，这套房子下市了。

更喜欢的选项没有了，卡尔和莱塔再次将注意力转移到第二套房子上。这套房子有五个大问题是卡尔和莱塔无法接受的。如果这些缺陷不必付出太大代价就可以弥补，二号房子还是很有吸引力的。

第二天，两位找房子的人雇了一位设计师，一起系统讨论了第二套房子发现的所有问题。三周后，设计师呈给他们一份改造方案，包括安装新的大窗户、增加室内照明以及现有地板及景观改进计划（包括移除毒葛）。该计划需要九个月的时间，完成后，将消除卡尔和莱塔对二号房子的所有不满。改造后，二号房子的费用与曾经位列他们列表榜首的那套房子一样多。

这个故事的结局很有趣。莱塔和卡尔决定选择二号房子。他们付了定金，两周后签订最终合约。之后，在卡尔出差时，一号房子又上市了。那曾经是莱塔更喜欢的房子。于是，她打电话问卡尔："我们应该怎么办？""把那套房子的定金也付了，"他答道，"这样我们就有两周的时间来决定。"在对选项进行了一周的权衡后，莱塔选择了二号房子。如果他们没有花费精力让第二选项变得最好，这就不可能发生。

这个故事的寓意在于：在决策前使选项尽可能变得最好经常是值得花费时间和努力的。

判断选项质量

没有什么可以代替一组好的选项。在做出决策之前，选项的评估值应该达到100%，也就意味着在选项上花费更多的精力不再值得了。我们如何才能确定自己达到了这一目标呢？在判断复杂情况下的选项质量时，娴熟的决策者会根据好选项的定义检查选项组，并进一步探索。他/她会问以下类似问题：

- “已经考虑到的最疯狂的想法是什么？”
- “哪个超乎寻常的人对这些选项做出了贡献？”
- “我们将选项组扩展到我们的舒适地带以外了吗？”
- “这个选项组涵盖了所有的潜在价值源头吗？我们确定其中包含了最佳选项吗？”
- “列表包含了所有关键利益相关者支持的选项吗？”
- “我们是否已经确认分歧，并将它们包括在选项组中？”
- “这些选项之间的差异明显吗？重要吗？”
- “惯性策略（保持现状）是否已经列在列表上，以使我们可以计算任何新决策的价值变化？”
- “我们是否已经有一组可控选项，可以进行有意义的比较？”

这些问题的答案可以帮助决策者判断优质决策这一要素的质量，并通过用更有吸引力的选项替换差的选项来增强选项组。现在正是做出这些改变的好时机——在评估每个最终选项的繁重工作开始之前。

在之后的决策过程中，充分论证将用于帮助我们反复多次推敲优质决策的要素。待信息搜集完成，用充分论证评估选项后，可以问一些其他问题，从分析的角度继续探索：

- “结合我们的分析，哪个选项看起来是最好的？”
- “为什么这个选项看上去比那个选项好？是什么导致了价值上的差异？”
- “我们可以如何利用论证得出的结论进一步改进最佳选项？”
- “什么会导致最佳选项价值的增减？我们可以影响或控制这些因素吗？”

最后，可以通过理解价值从何而来、其影响因素是什么来改进最终选项。要做到这一点，在通过充分论证评估选项之前，我们需要一组高质量的选项。甚至是在这一步骤开始之前，选项应该尽可能做到最强。

行动中的选项：西非海岸的油田

石油的勘探开发可能会很复杂。当一家大油气公司的团队发现西非海岸的油田时，他们迫不及待地想要进行开采和生产。这将意味着五年多的设计和建造。需要投入几十亿美元建造钻井设施，提炼、处理、储存石油，用轮船运输并用管道输送到市场上。这不是一项简单的任务，但该团队具备专业知识，可以解决这一难题。他们已经考虑到了几个选项，并且已经挑选出一个似乎非常适合他们开发的选项。

一切进展顺利，此时，公司的另一组队伍也在附近发现了油田。这本来是个好消息。但是，此时的情况是，新发现的油田没有具备单独利用价值的足够的石油。而且，由于公司预算有限，这个新项目还会与第一组竞争资源。组与组之间的竞争是该企业内部的强烈信条。然而，第二组找到他们的同事，要求他们放弃自己的计划，设计一个能够在两个区域一起开发的设施。但是，第一组不愿意从头进行不同的设计。而且，他们也有目标要求，时间已经很紧张了。

当用于两个区域附近的另一个区域的探井被列入规划时，事情变得更有趣了。第三块区域的成功率预计为20%；与二号区域相似，这里可能也没有足够的石油支撑其独立的基础设施。如果发现油田，必须再次联合开发。但是，知道结果的唯一方式就是完成勘探钻井，但仍然需要整整一年才能知道。与第二组相同，新的第三区域小组也想让第一组暂停设计，从而在联合设施中考虑第三组的需求。

公司领导被这些复杂情况搞得不知所措。他们应该怎么做？如果继续单独执行第一开发计划，第二区域的石油就变成了鸡肋，第三区域很可能也是如此。如果合并前两个项目，他们现在就要开始进行新的设计。石油产量将会增加，但所有的一切都要至少延迟一年。在组合项目中再加入第三区域又要延迟一年。而且，如果最后证明该区域的开发是失败的，这些延迟就全都白费了。

当三组同意一起寻找解决方案时，转机出现了。由于公司的激励因素主要集中在短期可交付成果上，让大家坐到一起要费点劲，更不用说达成共识了。但是，这种情况一旦出现，几个小组就可以重新制定问题框架，找出一套全新的创造性选项。根据他们前期的思考，三组合作的唯一方式就是一切都延期。但最后的结果证明，新技术可以帮助他们弥补这个鸿沟。通过为项目一建造小型可移动设备，这一区域几乎可以如期开采。产量会有所减少，但该区域的开采可以让他们了解许多关于如何优化该区域石油开采的信息。利用这一信息，他们为区域一和二选择了最佳联合开发计划，并且如果第三区域没有石油的话，也有足够的扩张灵活性。

移动设备相对于他们未来的产量而言价格高昂，而且无法按原计划那么快开采石油。但是，在最后的分析中，这个新的三区域选项的价值远远高于独立选项的总和。而且，一旦全套设备齐全，这些灵活的设备还可以运送到其他地方使用。从各方面来说，这个新选项都是最好的。但是，如果领导层没有坚定执行优质决策，就不可能重新开始。

决策过程这一阶段的选项是大体限定的想法。不做一些功课，我们就不可能真的知道哪个选项是最有前途的。对SDG办公室的决策来说，在经过搜集信息、理清价值及应用充分论证比较各选项的额外工作后，最终选择的是帕洛阿尔托市市中心的位置。这些话题将在后续几章中解决。

记忆要点

- 决策的价值不可能大于最佳可用选项的价值。列出一组好的选项非常关键。
- 好的选项是有创造性的，涵盖各种可能性，彼此差异显著，是供选择的合理竞争项，有吸引力且可行，同时数量可控。
- “足够好”地解决会放弃巨大的价值。
- 战略表建立在决策层次中“关注”类的基础之上，并理清了逻辑上限定每个选项的选择。

- 冲突的观点和跳出常规的思维在识别和改进选项中起着非常重要的作用。
- 决策者有责任在进一步评估选项组的工作之前，限定一组高质量决策。

注释

1. John Beshears and Francesca Gino，“Leaders as Decision Architects，” *Harvard Business Review*（May 2015）：51-62.

2. “头脑风暴”是亚历克斯·F.奥斯本在他的著作《应用想象力》一书中首次提出的，该书于1953年首次出版，现在已绝版。参见 Alex F. Osborn，*Applied Imagination：Principles and Procedures of Creative Thinking*（Charles Scribner’s Sons，1953）。但是，这一主题在近代著作中多有讨论。例如，参见Michael Michalko，*Cracking Creativity：The Secrets of Creative Genius*（New York：Ten Speed Press，2001）。“名义群体技术”是一种头脑风暴，致力于捕捉那些可能不会在他人面前说出自己想法的人的想法。

6

相关及可靠信息

信息是学习的来源之一。但是，除非是经过组织、处理、以一种适合决策的形式到达正确的人手中的信息，否则就是一种负担，而非益处。

——威廉·波拉德

我们不断受到信息轰炸——互联网、打印文件、各种电子邮件、短信还有电话。信息一天到晚掌控我们的注意力。仅仅收到所有这些信息都会让我们感到手足无措。大数据使得信息轰炸火力加大，这可能会带来新观点，但也使信息世界越来越复杂。

从决策角度看信息

确定哪些信息重要、哪些不重要是一个永恒的挑战。在决策中，信息将我们能做的（选项）与我们想要的（价值）联系到一起；信息帮助我们根据自己的价值预测每个选项的结果。而且，由于未来是不确定的，我们需要用可能性（可能发生什么）和概率（我们对其可能性的信心）来描述未来。例如，当我们抛出一枚重量均衡的硬币时，结果有两种可能性（正面或反面），每种可能性的概率是50%。在处理未来的结果时，真的没有其他办法可以更好地理解信息的意义。我们可以制造一些场景，内容是关于未来可能发生的事情，并添加一些色彩使其令人非常难忘——但这些场景需要转化成一整套可能性，每个可能性都有指定的概率。这样做可以使它们在制定决策时被有效用于充分论证。

坚持“决策只能基于事实”似乎很符合逻辑。但是，我们必须承认数据和事实信息有一个很大的局限性：它们是关于过去和现在的，而决策是关于未来的，未来没有什么是确定的。为了有效利用，最好的历史信息必须通过判断转化成我们选择的可能结果及其概率。虽然人类为了避免不确定性已经努力了数千年——甚至通过解读星象、茶叶和羊内脏，但还是无法避开面对不确定性做出判断的命运。

开车时，如果路上没有障碍或意外的转弯，我们只需要看着后视镜一直开就行了。但是，我们很少有人会相信这种方法。如果前方非常不确定，我们必须通过风挡玻璃朝前看，预测接下来会发生什么。我们也无法在开车时考虑到所有细节——我们必须将注意力集中在对我们的开车决策来说重要的细节上。而且，我们不能确定周围的司机会做什么，所以整个环境都是不确定的。我们必须敬畏我们所不知道的——已有信息的局限性和未来的不确定性，将这些局限性纳入我们对可能性和概率的描述。

那么，决策需要的是哪种信息？优质信息必须既相关又可靠。如果能帮助我们预测所考虑的每个选项可能带来的价值结果，那就是“相关信息”。例如，在考虑一个新的商机时，决策者需要未来成本和收入估算等信息，以理解该机遇的价值。成本可以由多个要素构成，包括生产、材料及设备成本。收入取决于市场规模、增长率及新业务的市场占有率。列出决策结构，即明确什么信息是估算预期价值所需要的，是理解相关性的第一步。本章介绍了一种有用的构建工具，称之为“决策树”。

即使是认真构建的情况下，决策可能仍然需要许多信息碎片。但是，并不是所有这些碎片对价值结果都有相同的影响。那么，哪些最值得我们关注呢？回答这个问题需要考虑不确定性。首先，不确定信息应该用“范围”估算来描述，而不是具体的单个数值估算。例如，我们可以估算新业务仓储设施的维护费用将为每年4万~9万美元。之后，通过应用“灵敏度分析”工具，我们可以剪开一团乱麻，找到对于具体决策真正重要的东西——最相关信息。系统的灵敏度分析识别哪个不确定范围对价值结果的影响最大，从而找到少数真正重要的“价值动因”。提高我们理解力的努力应当集中在这些价值动因上。第8章《充分论证》引入了最强大的灵敏度分析工具之一——龙卷风图。

如果信息在决策构造中起到重要作用，尤其是作为关键价值动因，那就是相关信息。信息同时应该是可靠的、有可靠来源，以将决策陷阱和偏见最小化的方式经过专家评判（包括对未来的不确定性）。本章重点介绍可以使决策者在使用专业判断时充满信心的方法。

延伸实例：迈克尔的职业选择

迈克尔是一位中层领导，他现在面临重要的职业抉择。对迈克尔来说，这是一个战略决策，值得仔细考虑，包括审慎地搜集信息。他的决策将提供一个背景来展示信息可以如何构造和搜集，以支持优质决策。

迈克尔对现在的工作很满意，但是他明白自己未来几年获得加薪的机会有限。有一家小初创公司向他提供了一份新工作，迈克尔需要做出决定：选择新工作还是继续做现在的工作。显然，他可以找到并考虑其他选项，但这个例子很简单，迈克尔只需要两个选项就可以解决。

迈克尔仔细考虑了自己的价值。（这一思考过程将在下一章进一步探讨。）他知道工作满意度对他来说是最重要的，而且他认为，收入和工作时间是对他工作满意度影响最大的两个因素。他也知道，他必须搜集关于这两个选项及其潜在结果的相关信息。

在决策中构造相关信息

迈克尔的信息搜集从为他提供新职位的初创公司开始。在与公司CEO的初次面谈中，迈克尔发现他的职责将会与目前职位非常相似。因为公司刚刚起步，初期他需要工作更长时间，如果公司业务发展迅速的话，甚至可能要工作更久。他的起薪是7万美元——低于他目前8万美元的薪资。但是，如果公司成功挺过一年的话，他的薪水肯定可以增加到12万美元。当然，初创公司并非总是能挺过去。迈克尔明白这一点。如果这家羽翼未丰的公司倒闭的话，他就失业了。迈克尔需要帮助——一个决策工具——来理清。

决策树：决策构造工具

决策树明确决策后果及必须考虑的不确定性因素。图6.1开始绘出迈克尔的情况。正方形代表迈克尔的决策：接受初创公司的工作或留在原处。从工作满意度考虑，他可能得到的结果如右侧所示。如果迈克尔

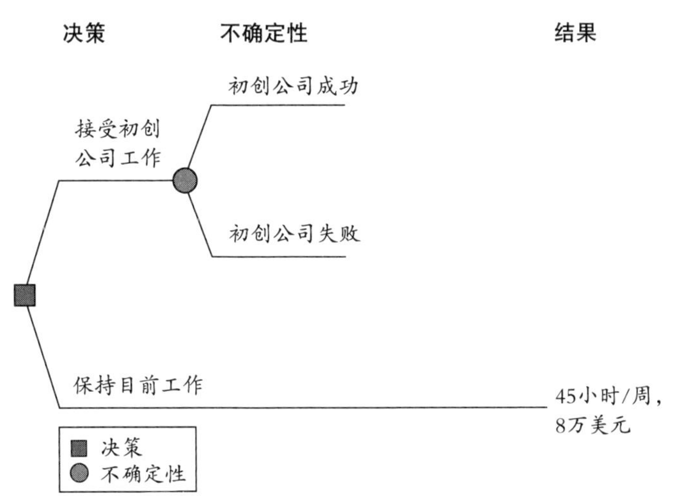

图6.1　开始构造迈克尔的工作决策

保持目前的工作，他确定自己每周需工作45小时，薪资8万美元。这个结果显示在底部决策树枝的末端。与接受新工作相关的结果就没有这么明确了。

这家初创公司是否能成功是一个关键不确定性因素。决策树上部的分枝上加了一个圈，以表示这种不确定性。迈克尔已经了解到，如果公司能在年底之前获得至少200万美元的新投资，这家初创公司会继续成功运营。否则，一切就都结束了。

描述迈克尔新工作的工作时间和收入结果需要另一个步骤。这些因素都是不确定的。为了更加了解自己的工作时间，迈克尔与初创公司的招聘主管进行了沟通。他了解到，第一年，他的预期工作时间应该是每周50小时。如果初创公司一年后仍然成功运营，每周工作时间可能仍然是50小时，但更有可能会增加到55小时，甚至是60小时或更多。这一新信息标注在图6.2的决策树中。

在迈克尔的案例中，薪水是另一个不确定因素。通过直接询问，他了解到如果公司成功运营，他的薪水第二年将增加到12万美元，但除此之外，之后几年，他都不必指望薪水会有什么大的变化。这些结果已经增加到决策树上“初创公司成功”之后。

但如果初创公司失败呢？迈克尔确信他目前的老板会重新雇用他，但可能薪水会减少。通过与公司人力资源部交谈，他了解到了有他这种工作经验的人的起薪。他得出的结论是，如果回来，他可能重新达到现在的薪资水平，但也可能不得不少拿10%。这些结果可以增加到决策树

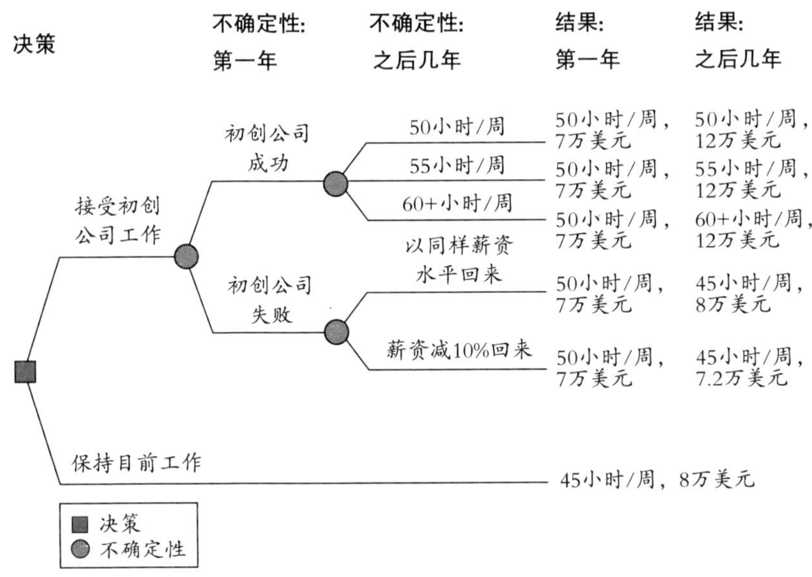

图6.2　增加更多关于迈克尔决策的信息

上“初创公司失败”之后。

现在，迈克尔已经有了决策问题结构，但他需要更多信息。他意识到了相关不确定性和可能的结果，但还没有具体确认它们的可能性有多大。例如提到初创公司成功或失败的可能性有多大，他可能会说：“有很大概率会成功。”但这句话是什么意思呢？需要用更明确的“概率”表达。对可能发生的事情的判断可以作为概率增加到决策树的每个分枝上。

迈克尔必须设法估算不确定结果的概率：初创公司成功的概率、他在那儿的工作时间以及目前公司以同样薪资水平重新雇用他的概率。为了回答这些问题，迈克尔请教了资深专家的意见，然后形成了自己的判断。它可以与初创公司的CEO或CFO谈谈公司的融资计划。但是，为了抵消这些高管可能允诺美好结果所带的任何偏见，他可以再咨询一下一位在风投公司工作的朋友，以获得更深刻的见解。那么如果初创公司倒闭，以同样的薪资水平回到现在的公司呢？与人力资源部的同事谈一谈可以帮助他建立合理的概率。

由于每个案例各不相同，对于“我们怎样才能找到估算未来事件概率所需的信息？”这个问题，没有统一的答案。但是，通过接近信息量最大、最可靠的来源，并且在此过程中确保摒除偏见，就有可能获得可以表述为概率的基于信息的判断。这一概率是一个数值，不过，这只是因为我们用数值来表示我们的判断，并不会因此而降低概率的主观性。判断天生就是主观的；用数值只是允许我们清晰地表达这些判断。

在迈克尔的案例中，他对决策树每个分枝概率的估算在图6.3中出示。例如，他认为有70%的概率该初创公司会成功。如果是这样，他每周工作50小时的概率预计为35%。

这样的树形结构是明确决策信息的有效工具。可能性带来的后果，包括其随后的整个路径以及概率都清楚了。迈克尔识别出他认为与自己决策相关的信息，以避免偏见的方式从可靠来源搜集这些信息，然后指定不确定性因素的概率。第8章将展示迈克尔如何利用该决策树及充分论证来识别对他来说价值最高的选项。

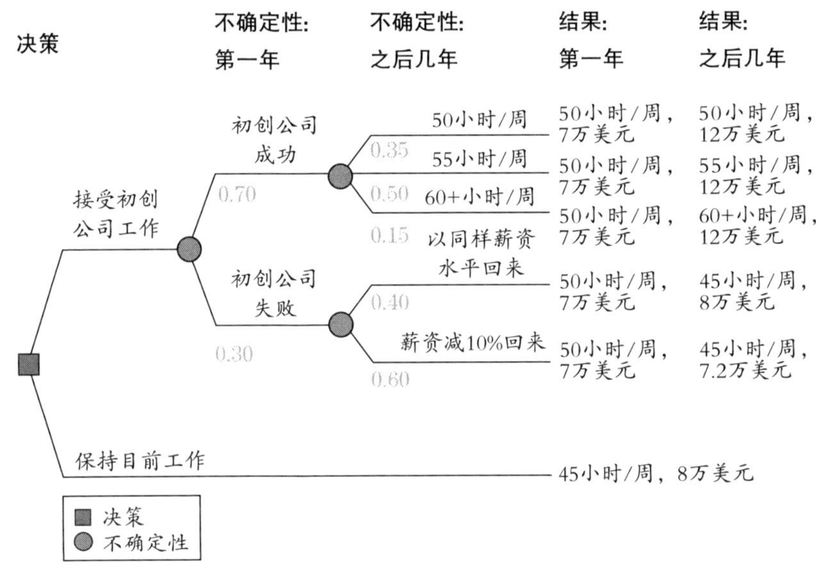

图6.3　在迈克尔的决策中加入他得出的概率

什么是可靠

除了相关，用于优质决策的信息还必须“可靠”，也就是说要准确客观，不是基于错误的信念或从不可靠的来源获得。没有可靠信息，就无法实现优质决策。此外，在复杂情况下，如果决策者无法判断信息或分析是否可靠，他就会拒绝接受。找到几乎可以支持任何结论的信息是可能的，这一点他们再清楚不过。某个想法的提倡者，或者想卖东西的人，总能为他们的主张找到正当理由。

那么，我们如何才能相信自己拥有的是能够为决策提供坚实基础的可靠信息呢？有两点非常关键。第一，我们必须利用可以信赖、愿意承认未来不确定性的可靠专家。在一些情况下，这些专家随时可以找到，但在其他一些情况下，可能需要通过一些非常规途径才能找到他们。第二，我们必须避开那些导致无用信息的偏见，引出这些专家的判断。

真的有可能从可靠的专家那儿得到可靠信息吗？答案是肯定的。一位了解人类偏见问题的经验丰富的引导者可以加以引导，使讨论远离常见的陷阱和圈套。这个任务需要大量精力和经验，并不是自动发生的。如果迈克尔不明白如何从他的朋友、风险投资者（VC）维克托那儿得到可靠信息，他们的谈话最后可能是这样：

迈克尔：你好，维克托。有一家初创公司为我提供了一份工作，我想听听你的意见。我需要知道这家公司明年可以获得资金的可能性有多大。公司的CFO认为获得资金的概率是85%，CEO甚至更乐观——他认为有90%。这些概率你听着对吗？

维克托：不可能。过去一个月，我已经见证了十几家初创公司没能获得需要的资金，而且每一家的领导之前都非常确定他们会成功。初创公司就是风险企业。在当今市场上，几乎没有几家初创公司能成功——成功的可能性只有10%。

类似这样的交谈能得出可靠信息吗？很可能不会。风险投资者的观点可能整体受他记忆中已经存在的最近几次失败的影响。这种“易得性偏见”在很多情况下都是一个大问题。而且，他也没有问任何关于这家初创公司本身的问题。相反地，他对迈克尔的潜在雇主进行了大量假设，关于公司成功所需的资金规模、公司产品、市场及其管理团队。而且，作为就冒险情况向朋友提供建议的专家，维克托可能会觉得需要保守一点，为迈克尔限定出坏结果的概率。换言之，维克托可能有给迈克尔一个成功率低的“动机性偏见”。

但事实是，迈克尔已经确实理解了从维克托那儿获得优质信息的重要性。因此，他没有像上面说的那样随意交谈，而是在与维克托交谈之前做了充足准备。在一位决策专家同事的帮助下，他通过几个步骤来获得优质信息，包括：

- 当了解到维克托最近经历了几次募资失败的案例时，迈克尔鼓励他结合自己的全部经验，更广泛地思考可能性。迈克尔还告诉维克托，他会为自己的决定负责，以此来帮助他避免动机性偏见。
- 迈克尔非常具体地限定了他想从维克托那儿获得的信息。之后，在询问维克托的估计时，迈克尔避免抛出任何可能限制或影响维克托回答的数字。
- 在迈克尔询问维克托估计的成功概率之前，他让维克托列出能使初创公司成功的所有因素以及可能导致其失败的所有因素。这样可以帮助维克托避开一个非常常见的问题：我们总是认为自己知道的比实际知道的更多。这个问题经常导致我们在决策时低估真正面临的不确定性，尤其是不确定范围（如一年内可能收到的资金数额范围）的上限和下限不够极端。

这些想法描述了决策专业人士经常使用的用于搜集信息的标准方法[1]中的一些步骤。由于迈克尔认识一位可以在这一过程中为他提供指导的决策专家，他可以从维克托那儿获得优质信息，将其与他从公司领导那儿得到的信息进行综合，做出该初创公司成功获得所需的200万美元资金的可能性是70%的判断[2]。

寻求可靠信息的目标不是消除不确定性，而是获得对概率及不确定结果范围基于信息的客观估算。如果信息提供者是一位备受尊敬的专家，获得信息的过程是透明的且特别注意避开偏见和陷阱，就可以做到这一点。专家受过专业训练，得到正确的反馈，就可以在估算概率和范围的过程中调整到位。也就是说，他们可以具备这样的能力：经过时间检验，他们估算的概率与事件真正发生的频率一致。虽然这不是人类天生就可以做好的，但我们可以通过学习做出对不确定的未来的正确判断。

可能出错的事

信息最常见的问题之一就是人们无法找到所需信息，得出客观的结论。相反，他们寻找证据来支持某个特定观点。这通常很容易，但无法实现优质决策。优质决策要求坚定地搜集最能代表决策后会发生的事情的信息。在搜寻信息时，决策者应该提防：

- 有偏见的来源
- 有错误的数据
- 没有专业知识的信息来源
- 刻意挑选出来证明某个结论的信息
- 只搜寻支持有偏见的观点和假设的信息的冲动
- 自负——认为自己知道的比实际知道的更多

一个决策耽搁太久也是一个问题。有些人可能希望等到自己搜集完最后一点点信息再决策。如果你有的是时间，如果搜集所有这些信息都是免费的话，这样做很好。但不幸的是，额外的工作和耽搁通常要耗费货币成本，而且经常导致错失良机。信息搜集的终点应该是获得更多信息的时间和成本与决策的提高相比不值的点。在这一点处，优质决策的信息要素已经达到100%。

判断信息质量

信息质量应该在做出决策之前进行判断，其目标是达到100%。相关性和可靠性同样重要。关于信息相关性的初步问题应该集中在决策结构上：

- “决策的可能性和概率都已经限定了吗？”
- “是否已经充分理解决策结构，包括哪个在哪个之后？有描述这个结构的决策树吗？”

其他深入问题应该探讨信息的可靠性：

- “关键不确定性因素的信息是谁提供的？这些来源可信可靠吗？”
- “采取了哪些步骤来保证信息中没有掺杂偏见？”
- “专家同意吗？如果同意，分歧点考虑在内了吗？”

所有这些问题的答案一起提供了对早期信息质量的看法。

一旦对已有信息进行过充分论证，我们将知道这些信息如何影响每个选项的价值结果。这一评估还将包括灵敏度分析，其突出关键价值动因。当评估结果完成时，可以问更多关于信息相关性的细节问题：

- “关键价值动因最终会如何导致价值的最大变化，哪些不确定性是关键价值动因？”
- “如果我们能多了解一些关于关键不确定性的信息，可以有多大成果？”

- “如果有更多的时间和资源，我们还可以搜集哪些其他信息？”
- “不确定性的什么结果会导致我们改变对哪个是最佳选项的看法？”

信息质量评估——首先构造决策，搜集信息，然后完成充分论证——会告诉我们应该填补缺陷还是继续进行。

行动中的信息：预见不确定的未来

一家生产商多年来一直依赖单个工厂生产用于七条不同生产线的所有专门原材料。随着业务扩张，工厂这种材料的生产力吃紧，即使每周七天每天24小时不停运行也只能勉强满足需求。工厂经理预计需求将持续上升，因此迫切要求投入资金扩大产能。该请求使公司高层面临几种决策：增加多少产能？地点选在哪里？多长时间之内完成？

由于关于未来需求的信息对这些决策至关重要，每条生产线的销售经理被要求预计未来几年内的月需求。每位经理提交了一份产品每个月销量的单一数字预测。这些项目由生产员工转换为每个月所需的原材料数量。令人惊讶的是，这些预测需求竟然远低于现有工厂多个月的产量。这使得工厂经理改变了主意。想到可能是增长比较缓慢，他撤回了扩大产能的请求，转而调整生产计划。

但是，几个月过去，越来越明显的是，实际产品需求远高于销售经理们的预测。生产线仍然全力生产，每天都会接到更多的订单。“他们为什么没有预测到这个结果呢？”工厂经理抱怨着。

此时，市场部副总走了进来。她刚刚为几位销售发了奖金，他们——再一次——超过了月销售预期。如果这种现在已经习以为常的现象证明了持续增长的需求，为什么预测报告中没有表现出来呢？是因为奖励机制促使销售人员提交低的预期，好轻松打破这一预期吗？如果不能看清未来需求，没有人可以有效地规划。显然，需要更准确的需求预测，一支优质决策项目小组接受了这项工作。

通过与各生产线的经理一起研究，该项目小组和专业指导者画了一张图，标明了市场上影响销量的每个因素。（这些图是关联图，第8章中会详细讨论。）对一种产品来说，市政建设增加会耗费焚化炉，公司技术的成功至关重要。而对另一种产品来说，移动电话世界范围内的销量增长是中心业务，随之而来的是公司组件对市场的渗透。诸如此类。

了解了市场动态后，该小组立刻着手对不确定信息因素做出范围预测。范围预测对销售经理们来说是新事物，但他们承认需求存在很大不确定性，并且同意尝试一下。利用项目小组列出的经过精心设计的流程，他们提供了每个范围的低值、基本值和高值估算。之后，他们用简单的模型将该信息转换为产品销售结果及原材料需求的概率范围。

该项目小组的工作表明，需求比原先设想的更加不确定，有明显上升趋势：即使是保持一周七天作业，满足未来五年需求的概率也只有40%。如果不扩大生产规模，公司将会丧失巨大价值。高管们迅速考虑了几个扩张选项。由于他们现在已经掌握了需求中真正的不确定性，领导小组更有优势做出优质决策。最终，他们确定了可以在短期内满足需求增加，同时保持弹性，可以应对长期需求增长的战略。

使信息达到100%对做出好的决策来说是非常关键的。当然，需要的不只是信息。我们需要清晰的价值及充分论证，使我们掌握的信息合理化，整合我们对于可能的结果及其概率的思考，并揭示我们选项的价值。这些优质决策的要素将在后文中探讨。

记忆要点

- 所有的决策都有未来导向性，但未来的事实不存在。过去及现在的事实和数据必须转换为对于未来的判断。

- 关于不确定未来的决策必须用可能性和概率来解读。可能性限定未来可能发生的潜在结果。概率代表我们对于不同结果可能性的最佳判断。
- 为了避免信息过多，我们应该搜集那些与我们选项和我们寻求的价值直接相关的信息。决策树可以指导我们完成这一任务。
- 决策树显示决策的后果及不确定性，表明每个决策可能的结果及概率。
- 决策者需要既相关又可靠的信息才能做出好的决策。
- 如果信息能帮助我们预测所选选项可能带来的价值结果，并且在充分论证过程中，灵敏度分析表明该信息是关键动因，那么这个信息就是相关信息。
- 如果信息是可信的、客观的，就是可靠信息。

注释

1. 例如，参见Peter McNamee and John Celona，*Decision Analysis for the Professional*，4th ed.（SmartOrg，2008）。

2. 搜集信息的另一个方法就是利用专家组的众人智慧。关于“超级预测家”团队（superforecasters）众人智慧的最广泛研究，参见Philip E. Tetlock and Dan Gardner，*Superforecasting: The Art and Science of Prediction*（Crown Publishers，2015）。

7

清晰的价值和权衡

从生活中得到你想要的东西的第一步就是：决定你想要什么。

——本·斯坦

我们决策的目标是最大限度地得到我们真正想要的——我们想要的与我们看重的价值相关。幸运的是，制定具体决策时，并不需要囊括我们的整个价值体系——我们只需要回答这个问题就行了：在这样的决策情境下，我们真正想要的是什么？

虽然一组好的选项是任何选择都必不可少的，但我们只有明确表达自己想要什么，才能有效比较各个选项。“为什么这个选项比另一个选项更有吸引力？”如果是以下情况，这个问题就很难回答了：

- 涉及多重需求，并且选项呈现出不同的结果组合。
- 决策结果会随时间逐渐呈现。
- 结果不确定。

最终，我们需要搞清楚自己更喜欢哪个选项、为什么。本章探讨的是使其成为可能的价值和权衡。

决策中的价值和权衡

就本书而言，价值是我们做决策时在意的东西。有些价值可以直接判断。例如，一位专业修复专家可以估计出售一辆翻新汽车他将得到的货币价值。就他的职业而言，汽车售价给了他一个直接的价值指标——这对他来说是有价值的。其他情况下，用“价值度量”来明确价值。翻新汽车收藏者对于汽车价值的评估可能会与她买车的金额不同。她可能会根据从四英尺外观察的翻新外观逼真程度的价值度量来评估翻新与汽车原装设计的匹配程度。它可能并不能完美重现与原装设计的一致性，但对这位收藏者来说可能已经足够了。当价值无法直接衡量时，应该选择一个合理可行的价值度量。为简便起见，本书中“价值”一词表示价值或价值度量。

为了搞清楚我们想要什么，寻找多个竞争价值十分常见。要找一个既能提供近期利益，又能在长期获得巨大回报的选项可能很难。两个我们都想要。或者我们可能既想要成本低，又想迅速实施。甚至连非常简单的决策都可能涉及多重价值。在这些情况下，我们需要做出与自己的价值相一致的权衡。

一种方法就是“等价交换”。等价交换以不改变决策整体价值的方式用一种价值代替另一种。例如，第6章中介绍的决策者迈克尔需要决定在他的职业决策中如何权衡时间和金钱。他必须限定他愿意用来交换薪水的加班时长。一旦找到让他觉得无关紧要的具体时长，例如，x美元换y小时，他就可以用一个代替另一个，进行等价交换，从而更简单地比较各个选项。

迈克尔的价值和权衡

上一章中介绍了迈克尔该接受初创公司的新工作还是留在现有岗位的决策初始结构。随着对决策的思考，迈克尔已经清楚了对他来说工作中最重要的是什么——在这个决策中他重视的价值是什么。他最主要的价值是工作满意度，其受两个因素影响：

1. **收入**。迈克尔和他的妻子希望尽自己所能投资孩子的未来：音乐课、国外旅行，还有大学。就迈克尔目前8万美元的年薪来说，要做这些投资会很困难。
2. **工作时间**。迈克尔现在每周工作45小时，几乎没有任何出差，因而可以有足够的时间陪伴家人。“有时间陪家人是我喜欢目前工作的一个原因。”他说。

其他因素也很重要，例如通勤时间、发展空间及挑战水平等。他的一些朋友说，为初创公司工作听着让人很兴奋，这让这份工作显得很有吸引力，但对迈克尔来说，兴奋不是吸引他的主要因素。“我在初创公司的工作会跟现在的非常像，所以不会感觉有很大区别。”最终，对迈克尔来说，收入和工作时间这两个价值是最重要的。

由于迈克尔的决策中涉及多个价值，因此，他将需要用一个价值的一部分来交换另一个价值的一部分。迈克尔和他的妻子重视高收入，考虑到他们想为孩子提供的条件，这对他们来说很重要。但他们同样重视迈克尔在家的时间。因为这些价值并不是完全兼容的，夫妻俩需要考虑用在家的一些时间交换更多的收入——前面提到的等价交换概念。迈克尔可能会纠结如下问题：“如果我知道自己每周需要多工作10小时，收入增加多少我才愿意放弃陪家人的那10小时？如果我的工作时间增加15小时呢？”一旦迈克尔找到他觉得无关紧要的那个点，他就可以做出替换，在不改变总价值的情况下简化决策。

迈克尔和他的妻子将薪水与在家时间的权衡量化。以下范围内迈克尔觉得无关紧要：

- 每周放弃5小时在家时间（每周工作50小时 vs 45小时），收入增加1.5万美元。
- 每周放弃10小时在家时间，即每周工作55小时，收入增加3万美元。
- 每周放弃超过15小时的在家时间，即每周工作60小时以上，收入增加6万美元。

利用这些数据进行等价交换，迈克尔可以用单个等价金额来描述不同工作时间和薪资的工作。这样比较起来就容易多了。他目前的工作是每周工作45小时，薪资8万美元。结合他的权衡，每周工作50小时，薪资9.5万美元对他来说是一样的——1.5万美元交换每周5小时的在家时间。每周工作50小时，薪资12万美元的新工作对他来说价值为10.5万美元（12万美元−1.5万美元），优于他目前的工作。但是，如果他要工作60小时以上获得12万美元，那对迈克尔来说价值就只有6万美元（12万美元−6万美元），不如他目前的工作。

时间常常是决策的重要组成部分，迈克尔的决策也不例外。考虑到孩子学校的位置，迈克尔一家计划未来五年内都不会搬家。之后，他们可能希望换个工作，搬到离孩子祖父母比较近的另一个州去。因此，迈克尔应该比较职业选项五年的总等价收入。他还需要考虑金钱的时间代价。未来收到的钱价值低于现在收到的同等金额的钱。迈克尔相信，为了匹配他目前的薪资价值，他必须从现在开始薪资每年增长10%。这10%就叫作他的“贴现率”。因此，明年获得8万美元的等价现值是72,727美元（80000÷1.10）。类似地，两年后获得8万美元相当于现在获得66,116美元（贴现两年：80000÷1.10÷1.10）。因此，他目前工作五年的收入转化为五年的总等价收入约为33.4万美元。贴现在将一段时间的现金流转换为单一值上应用非常广泛。该方法在金融学入门材料中有详细解释。

* * *

迈克尔弄清楚了该职业决策中的价值是收入和工作时间，并且知道如何替换。他还知道如何比较现在的钱和未来的钱，因此，他已经解决了本章开头所说的三大价值挑战中的两个：多重需求、随时间逐渐呈现的结果。在下一章中，“期望值”（EV）的概念将用于描述迈克尔结果中的不确定性。他将可以计算出单个数值表示的每个职业选项五年的总等价期望收入，并且选择最好的那个。

商业背景中的价值

在商业领域，最终的直接价值通常是企业的经济价值或“股东价值”。因此，能够创造10亿美元股东价值的选项要优于能创造7.5亿美元的选项。股东价值通常用未来现金流的净现值（NPV）[1]衡量。绝大多数商业选项成本和利益的时间框架都不同；净现值利用如上文中迈克尔所用的贴现方法来对这些不同的时间框架进行同类比较。

商业中追求的目标通常不是真正的直接价值，而是实现直接价值的手段，被称为“非直接价值”。例如，销售收入的利润率只是一种实现更高直接价值——股东价值的手段。其他非直接价值包括市场占有率、员工人均销售额、每单位成本及消费者忠诚指数。虽然这些非直接价值可能是产生直接价值必不可少的，但保持视线清晰以实现我们追求的最终直接价值是非常重要的。以短期利润率等为非直接价值的回报可能最终会导致股东价值降低，尤其是当这些短期回报导致管理层减少研发、产能投资或其他可以为股东创造长期价值的事项时。

无形价值也可能造成混乱，尤其是当员工满意度或品牌意识等必须与利润率相比较时。由于量化无形价值的影响比较困难，大家总有种忽略这些价值的冲动。这在商业领域太司空见惯了，可能会导致决策达不到原定目标。如果公司在决策时选择忽略品牌认同，价值真的可以提升吗？不论何时，只要有可能，无形价值都应该转化为可以与有形价值相比较的表达方式。要做到这一点，可以利用迈克尔的职业决策中所使用的同类型等价交换。迈克尔的决策要求他将在家时间这个无形价值转换为金钱数额，从而与收入这个有形价值相结合。在无形价值很重要的其他情况下，也可以这样处理。

当然，有些价值是无法替换的。在迈克尔的职业选择中，他可能不会考虑任何要求他未来五年内搬家的工作。大多数利润驱动型企业会都会宣告：“不管利润多大，我们决不会做任何违背道德行为规范的事。”这类不容商榷的价值约束选择，并且应当成为决策框架的一部分。它们是待考虑选项限制范围的一部分。

在一些商业模式中——非营利组织、内部服务团队及公共部门，非金融价值在决策中至关重要。这些情况下，可能有多个目标；我们需要将最终的目标囊括在内，即使它们是非金融的。与迈克尔的情况相似，我们可以形成对整体目标实现程度的量化衡量。例如，一个全球健康组织的目标是显著减少发展中国家的疟疾病例，该组织可能会跟踪减少的死亡人数或增加的优质寿命。一个内部IT服务组织的目标是通过成本效益系统实现产能最大化，该组织可能会衡量采用新IT系统增加的工厂生产能力。量化非金融利益[2]对做出最佳选择来说是非常重要的。

商业决策中的权衡

商业决策通常需要系统的方法来做出价值权衡。该方法从清楚地理解选项后果开始，这些后果被描述为各种不确定、将随时间逐渐呈现的有形和无形结果的组合。每次进行一步等价交换，将这种复杂的组合转换为可以轻松比较的等同价值，从而使选择更简单。图7.1对这些替换的步骤进行了总结。

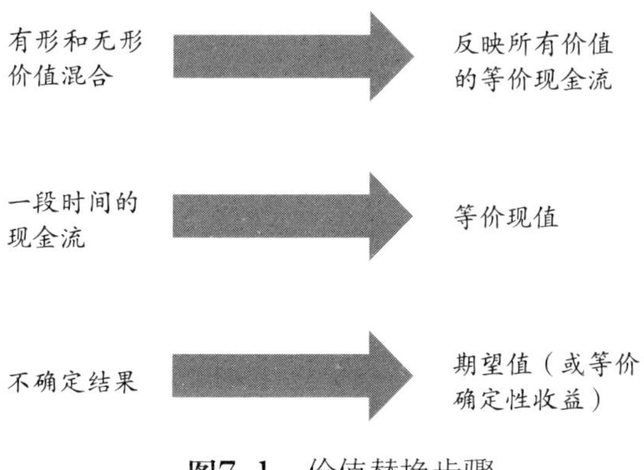

图7.1 价值替换步骤

步骤1：用等价金额替换无形价值

应用等价交换原则，无形价值被转换为等价的现金流，从而可以与有形价值的现金流相结合。替换后，每个选项的金额代表等同价值（并且不再只是现金）。

步骤2：用等价现值替换未来现金流

接下来，如迈克尔的案例中所示，我们用表示时间偏好的贴现率调整时间。在大多数企业中，金融组织会提供基于所谓的“加权平均资本成本”（WACC）的贴现率。（注：不应该是包括补偿风险额外贴现的最低资本回报率。在优质决策中，贴现仅用于描述时间偏好。风险差异将在充分论证过程中单独、详细讨论，这是第8章的话题。）用表示时间偏好的贴现率将未来不同时期的等价现金流转换为包括时间影响的单个等价现值净现值。

步骤3A：用期望值替换不确定结果

等价现值是不确定的；许多不同结果都是有可能的。充分论证工具可以用于量化净现值概率分布的不确定性。之后，该分布可以用于计算净现值的概率加权平均数或期望值。（将在重点介绍充分论证的第8章中深入探讨。）在大多数情况下，可以通过比较选项的期望值和净现值范围做出清晰的选择。因此，我们可以通过保留了决策问题中真正价值的系统替换结果使选择变得清晰。

步骤3B：必要时用风险胃纳计算特定等价物

如果风险非常大（涉及公司股东价值至少5%的潜在损失），可能需要用“量化的风险胃纳”来计算“等价确定性收益”。由此得到的等价确定性收益净现值和范围既描述时间偏好，也描述风险偏好。实际上，大多数决策都不需要这种等价确定性收益计算，但在可能造成巨大损失时，量化的风险胃纳可能是一个很有价值的工具。

可能出错的事

价值清晰是高质量决策必不可少的，但很多事情都会成为阻碍。在一些情况下，利益相关者不明白利益攸关的价值，或者在利益攸关的价值上无法达成一致。更糟糕的是，当多个事情看起来都很重要时，清楚地表达什么有价值并不总是件容易的事。在竞争价值之间做出权衡可能会再次导致失败。例如，向环境敏感地区的商业扩张可能会导致关于如何权衡经济利益增长与环境保护的无休止争论——决策者在公布自己的权衡时可能会犹豫不决。

这一切的一切有一个好处，就是明确价值这一行为会引发关于如何做出有难度的价值判断和权衡的有意义的会谈。

以下是处理价值时一些注意事项的总结：

- 缺乏对价值及价值之间权衡的明确讨论和/或一致看法。
- 没有限定好的价值，或者无法有意义地衡量或投入未来的价值。
- 关注非直接价值而不是直接价值。
- 不当的贴现率、不合理的风险调整及无形价值的错误估算。

判断价值质量

决策者必须确保清晰地限定价值并合理地应用。做出决策之前，需要达到100%。除了避免上述错误外，明智的决策者还会问一些深入的问题，这些问题的答案使决策的价值要素质量更加清晰：

- “我们已经清楚想从这个决策中得到什么了吗？”
- “我们阐述的价值是否囊括了所有关键利益相关者的观点？”
- “我们知道如何衡量每个直接价值吗？”

一旦信息搜集和论证完毕，我们将更加明确每个选项的价值结果。此时，可以再问一些深入的问题：

- “在选择最优选项时，哪些权衡必须考虑在内？”
- “如果进行不同的替换，决策该如何改变？”

行动中的价值：未充分利用的天然气厂案例

明确价值可以使一个公司找到新的、更好的选项。这个决策的重点是一家天然气处理厂。天然气从附近的气井中收集，在工厂经过处理，然后输入管道，沿管道分支输送给周围地区的消费者。该工厂远未达到充分运营，公司在该地区没有找到足够的新气田来保证工厂生产能力达到饱和。高管层正在寻找解决方案。

工厂运营的未来现金流净现值是公司考虑的首要价值度量。不管怎么说，这是一家追求利润的企业。留住工厂员工也是一个重要考虑。由于人力资源支出会减少这家濒临倒闭的工厂运营所得的现金流，这些价值有时会互相抵触。

与公司专家协商后，一个项目小组确定了几个选项。出于示例目的，这里仅列出其中两个：

1.保持现状。这个选项会在不裁员的情况下产生2000万美元的净现值。

2.关掉工厂，将处理工作外包给附近的一家竞争对手。该竞争对手产能过剩，提供了一个很有吸引力的价格来处理公司的所有天然气。在解雇100名员工后，这个选项会为公司带来7000万美元的净现值。

这两个选项的初步对比并没有明显分出优劣。货币收益（净现值）和员工保留似乎没有什么可比性。7000万美元净现值的选项非常有吸引力，但解雇100个人并不令人满意。而2000万美元净现值的选项也让人无法接受。小组能不能形成另外一个选项，同时满足这两个价值呢？

> 项目小组开始寻找一个既能保留可观的净现值，又能降低裁员消极影响的方法。与工厂员工的交谈表明，如果公司能为每位员工提供15万美元，即为100名工厂工人总共提供1500万美元的离职补偿金的话，大部分员工是可以接受关闭工厂的。换句话说，有了该水平的货币激励，员工觉得去留无所谓。
>
> 有了这个新信息后，小组提出了一个新的选项：关闭工厂，提供15万美元的离职补偿金。除去离职成本后，这个新选项的净现值是5500万美元。高管层选择了这个选项，因为这个选项充分考虑到了他们的两个价值——既大量节约了运营成本，又照顾到员工待遇。

理清价值可以为我们指明正确方向，但哪个选项能最大限度地得到我们真正想要的呢？回答这个基本问题需要结合我们的选项、信息和价值进行充分论证。这就是下一章的主题。

记忆要点

- 决策中，价值是我们在比较选项时关注的东西。
- 对绝大多数企业来说，最终的直接价值是股东价值——企业的经济价值，并且通常用未来现金流的净现值衡量。
- 当多个价值都很重要时，可能必须做出权衡。

• 利用等价交换将包括无形价值在内的所有价值转换为统一单位（如金额），可以简化决策。

• 贴现只能用于描述时间偏好，而非风险差异。

• 等价确定性收益描述风险偏好，当公司股东价值的潜在损失至少为5%时，可以使用等价确定性收益。其他情况下，我们应该利用期望值做出决策。

注释

1. 净现值是一段时间内收到的一系列（正负）贴现现金流的总和。许多商业情况涉及几年内的现金收入。例如，一家公司可能预计今年可以以1000万美元的价格并购另外一项业务（负现金流），未来12个月内收到200万美元自由现金流（正现金流），然后在第12年年底以1500万美元的价格将这项业务出售给另一家实体。如果采购者不关心今天的现金与一年后相同金额110%的现金之间的差别，他们就会对每项现金流进行10%的（复合）贴现，将这些数目加起来确定净现值。根据等价交换原则，可以用单个净现值代替决策中的一连串现金流。计算净现值的公式可以在任何会计或金融教材中找到。微软的Excel等电子表格软件使实际运算更加简单。

2. 要寻找量化非金融利益更有创意的方法，参见Douglas W. Hubbard，*How to Measure Anything：Finding the Value of“Intangibles”in Business*（Hoboken，NJ：John Wiley & Sons，Inc.，2010）。

8

充分论证

我不追求复杂性表面的简单，但是我愿意将我的生命献给复杂性深层的简单。

——奥利弗·温德尔·霍姆斯

想象一下你现在工作的公司正面临一个非常重要的长期决策，这个决策将决定公司的未来。这个特殊决策问题的框架引出了几个有吸引力的选项，每个选项都有自己的不确定性因素，这些因素影响未来十年中这些选项交付价值的多少。在这种复杂性和不确定性都很高的情况下，靠直觉判断哪个是最佳选项是不可能的。不靠直觉，我们需要一种稳健严格的方法来判断哪个选项将最大化地提供我们真正想要的。基于规范决策理论的“充分论证”允许我们根据已知信息自信地理清。

在简单、迅速或重复决策中，最佳选项通常是根据经验和直觉判断，几乎不需要什么论证，只需要稍微检查一下确定自己没有被偏见误导就可以了。在稍微复杂一点的情况下，简单计算就可以做出最佳选择。真正复杂的决策需要更加严格的分析。

回忆一下迈克尔关于该继续现在的工作还是接受一家初创公司的新

工作的决策。本章就以论证迈克尔的决策开始：借助铅笔、纸及简单的数学运算就可以清晰地做出最佳选择。之后将介绍较复杂情况下最有效的决策工具。本章最后总结了关于何时寻求论证帮助、如何判断优质决策链中充分论证这一环节质量的一些建议。

迈克尔的工作决策论证

迈克尔的决策问题中所需要的论证相对来说比较直接。他已经仔细考虑过自己的选项和价值，并且已经获得了图8.1所示的决策树中所需

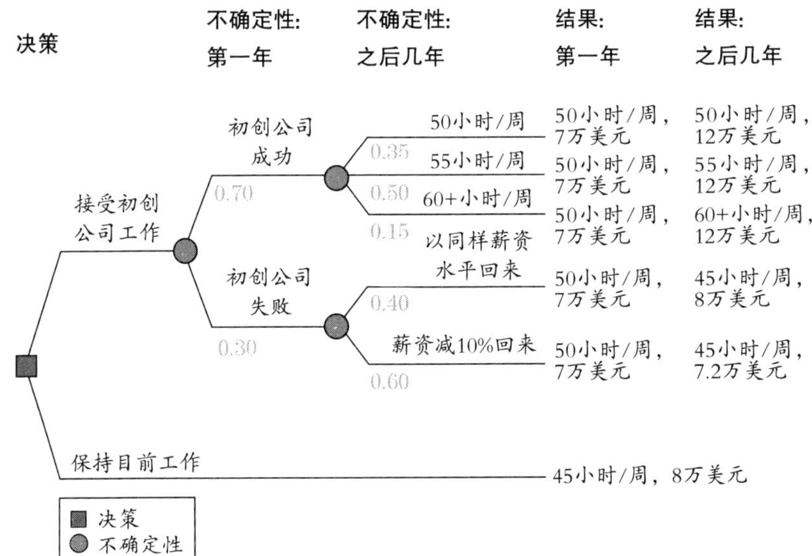

图8.1　迈克尔的决策树

的信息。

正如我们在价值那章中所看到的，迈克尔也已经清楚了额外工作时间与薪水之间的权衡，并且知道如何用10%的贴现率对未来收入进行贴现以描述时间延迟，这让他可以计算每个结果未来五年的总等价收入。所有这些计算现在已经四舍五入到千美元，添加到图8.2中决策树的末端。

为了明确哪个选项最适合他，迈克尔可以从查看决策树最上端的两个末端开始。如果初创公司成功，他每周的工作时间少于60小时，他最好换工作而不是继续维持现状。这两个结果的价值分别为38.8万美元和34万美元，都比第7章中计算出的他目前的等价收入33.4万美元高。但

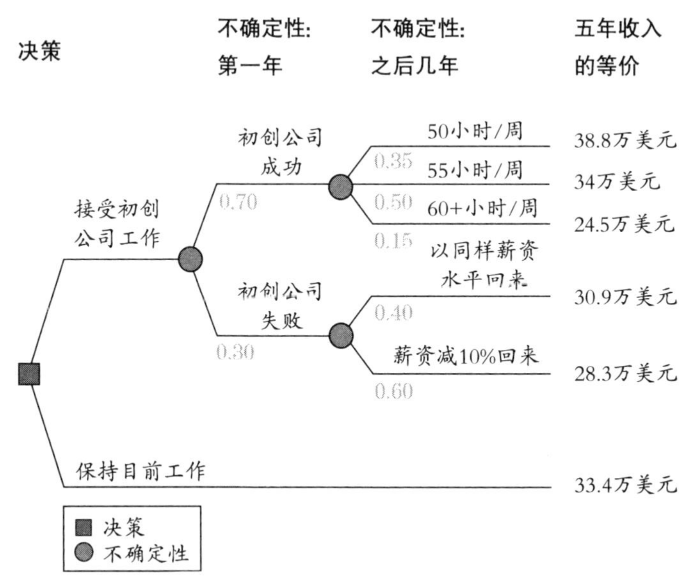

图8.2 包括等价末端价值的迈克尔的决策树

是，如果初创公司失败，或者成功后的初创公司需要他每周工作60小时以上，迈克尔就不如继续做现在的工作。

当涉及假设情况时，迈克尔应该如何在这两个选项之中做出选择呢？由于存在不确定性，答案并不明朗。不过，稍加一点数学计算就可以让答案变得明了。如果迈克尔接受初创公司提供的工作，那他就需要考虑所有可能的结果，这些结果中有些是好的，有些并不那么好。他还需要纳入每个结果发生的概率。为此，他计算了决策树中所谓的期望值。这些期望值是决策树每个分枝结果的概率加权平均数。（实际上，期望值不涉及任何期望。期望值计算得到的数据并不表示迈克尔可以期望得到的，而只是结果的概率加权平均数。）

为了计算每个选项的期望值，迈克尔从树的右侧开始“回滚”计算，用每个结果乘以其概率，然后相加得到总和，即每个节点的期望值。图8.3中树形结构示出计算结果。

首先，迈克尔计算“初创公司成功”之后节点的期望值，找到价值34.3万美元。之后，在“初创公司失败”的节点，计算得到29.3万美元的期望值。在沿树回滚的下一步中，迈克尔利用刚刚计算出的期望值。他根据概率加权计算初创公司成功的期望值，并对失败分枝做同样处理。得到的结果就是初创公司职位的最终期望值，然后，迈克尔将其与现有工作的计算价值相比较。由于继续现在的工作不存在相关不确定性，其期望值为33.4万美元，这是基于五年贴现得到的总值。现在，迈克尔可以确定哪个选项可以提供最多他想要的。

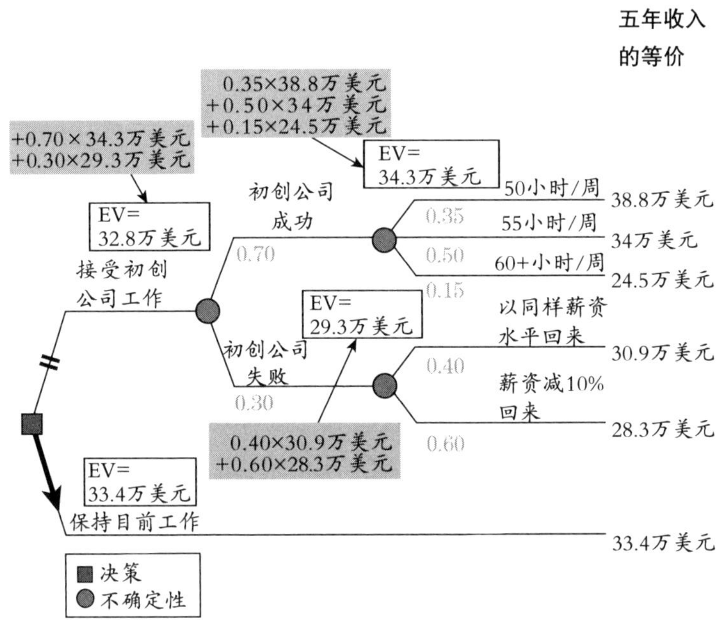

图8.3 沿树回滚找出迈克尔的最佳选项

接受初创公司职位的期望值是32.8万美元，低于继续现有工作的值33.4万美元。因此，他选择保持现状要稍微好一点。这样他会错过初创公司的上行可能性，但同时也可以避免所有的下行可能性。

根据他的期望值计算，迈克尔得出结论：初创公司提供的工作机会并不如他现在的工作有价值[1]。在做出最终决定之前，他可能想看看自己可以如何改进决策情境。充分理解了自己的价值，知道如何创建并回滚简单的决策树后，他现在可以寻找更好的就业机会——可以给他带来更高收入，而且不会过多牺牲他与家人目前的共处时间的工作。他可能会与初创公司谈判，寻求更高的薪水或限制工作时间，让这个机会更有价值。直接论证让迈克尔明白自己应该选择哪两个选项，以及可以怎样做来创造更好的选项。

更复杂决策中的论证

迈克尔只有两个选项，并且价值权衡相对简单，因此，他可以用铅笔、纸和简单的数学计算建造并解决决策树。在许多战略决策中，当事情的重要性、不确定性和复杂性都很高时，论证找出最佳选项需要更多努力和计算。战略决策通常需要用到有许多分枝的决策树（在一个电脑程序中建造）或其他可以处理大量不确定性的计算决策工具（如蒙特卡洛模拟法）。使用这些工具可能需要经过决策分析方面的训练，或有决策专业人士[2]的帮助，即接受过指导组织完成复杂重要决策的艺术和科学训练的人。在必要时，关注能够影响困难决策问题的分析能力是非常有益的。

关联图：复杂决策构造工具

构造复杂决策常用的工具之一就是“关联图”。关联图显示的是被认为与决策相关的因素以及这些因素之间的关联。构建关联图从将要用于比较各选项的最终直接价值开始。在图8.4的示例中，直接价值为净现值，用图右侧的八角形表示；椭圆形表示影响净现值的不确定输入因素；矩形表示相关决策。该案例中，直接影响净现值的因素为收入、总成本及公司销售决策。如图所示，收入受销量和产品单价影响，这两个都是不确定性因素。总成本也是由多个不确定性因素计算得出，并且几个不确定性因素受各种决策影响。决策、不确定性因素和价值之间完整的联系用箭头表示。好的关联图（也叫“影响图”[3]）恰好足够详细，能看出重要决策及影响最终价值计算的不确定性。

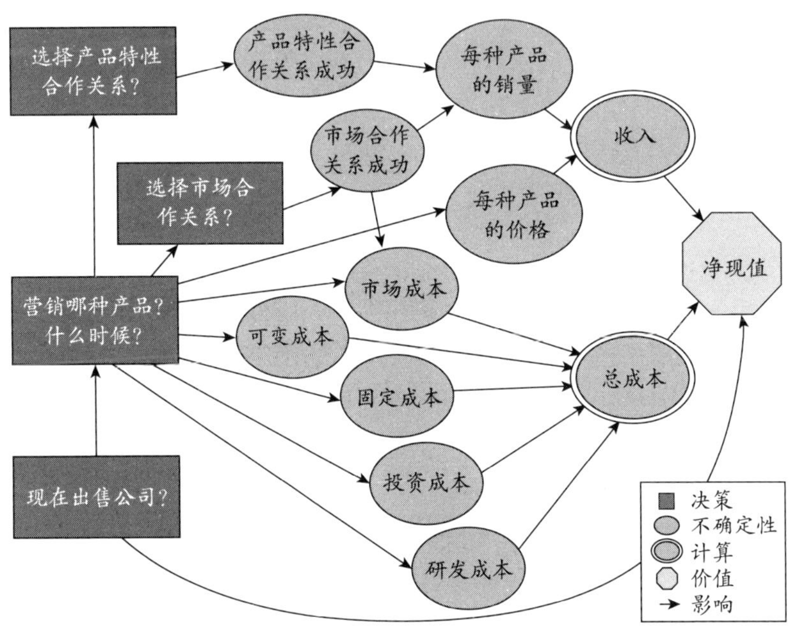

图8.4 商业关联图示例

决策模型：复杂决策分析工具

当一个决策涉及多个选项和复杂的价值计算时，可以使用决策模型将多个输入变量转换为价值结果。决策模型包括决策关联图中出示的输入因素的关系并捕捉其不确定性。构建良好的决策模型可以计算输入因素任意组合的价值结果。通常使用微软Excel等电子表格程序构建决策模型。有了决策模型，运行成千上万个代表不确定输入因素不同组合的案例就非常容易了。

与好的关联图相似，有效的决策模型应该像阿尔伯特·爱因斯坦说的那样："尽可能简单，但不过于简单。"决策模型捕捉情况本质，摒除不必要的细节。好的决策模型建造者从非常简单的东西开始，根据需要添加更多结构，以量化并区分选项价值。虽然很多组织用金融模型描述收入及其他重要度量，却极少有人掌握建造可靠决策模型的技术，可靠的决策模型可以在不确定的世界里支持优质决策。

龙卷风图：信息关联性展示工具

决策模型可以用于回答不确定性如何影响决策的相关问题，尤其是存在许多不确定变量时。被称为"龙卷风图"的工具利用决策模型来确认对每个选项价值影响最大的不确定性。这些不确定性是与决策最相关的——它们最重要。一旦确认了这些价值动因，我们就知道下一步的信息搜集工作应该针对哪些方面。

回忆一下优质决策中，不确定信息是用可能结果的范围表示的。龙卷风图用这些范围来进行灵敏度分析，当不确定输入中有一项在范围内移动而其他项不变时，龙卷风图形成表示选项价值变动幅度的条框。条框的变动幅度越大，该不确定性因素对决策整体不确定性的影响越大。

图8.5显示的是典型的商业战略选项的龙卷风图。当所有输入因素设定为基本情况估计（第50百分位）时，决策模型计算出该选项的净现值为8.71亿美元。最上面的条框显示的是当产品A的最大销售量偏离250万美元销售额的基本情况估计时，净现值的变化幅度。在150万美元低（第10百分位）估计销售额处，净现值下降至约5亿美元。在600万美元的高（第90百分位）估计销售额处，净现值上升至21亿美元。因此，由产品A最大销售量不确定性导致的净现值的变动幅度约为16亿美元（21亿美元−5亿美元），对基本价值为8.71亿美元的选项来说，这个变动幅度非常大。这个变量是净现值不确定性的最大影响因素，其次是产品科技是否成功，再次是产品A的定价等。

通过该图可以清楚地看出，就对净现值不确定性的影响而言，产品A的相关因素比产品B的相关因素重要得多。此外，最上面的四个条框占了该选项净现值总变量[4]的97%，因此，为了清楚地绘制相关不确定性图，只需要考虑最上面几个不确定性就够了。

龙卷风图是一种超级强大的工具。首先，它可以提供直接指导，告

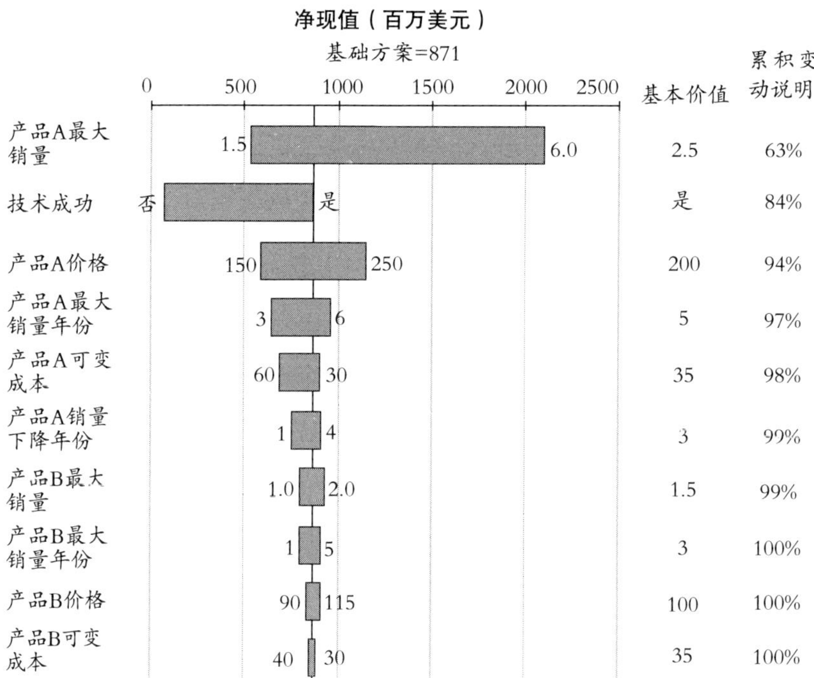

图8.5　典型商业选项的龙卷风图

诉我们哪个信息应该利用严格评估过程认真考虑。我们可以努力提高上面几个条框中信息的可靠性，也可以接受对其他项的基本情况估算而不会低估整体不确定性。

龙卷风图还有第二个重要作用。龙卷风图突出了那些对不确定性施加影响最值得的区域。例如，面对图8.5所示龙卷风图的公司，会明智地投资增加产品A销量或提高科技成功率的工作；不应该注重提高产品B的销量。在决策者观察过龙卷风图后，这种见解经常会变得很明显。

下面这个例子展示了这种情况在一家公司中是如何发生的。

用龙卷风搅动一切

在首次应用优质决策时，一家中型企业的领导小组要求他们的金融分析师升级传统的单数字净现值计算，以包括公司价值潜在结果的范围。他们确信自己的新宠项目——主要成本削减计划——可以提高公司的底线。还有一个重要的合同要续期，应该很快会有一些条款变动，不过这些问题有能干的中层管理者去解决，不需要领导过多关注。

当分析师收集好信息，做出龙卷风图（图8.6）后，他们发现了一些令人惊讶的事情：与削减成本创造的所有价值相比，降低合同价格或不利条款的影响大得多。管理层对削减成本的重点关注是错误的。

随即发生了巨大变化。高层领导不再把大量时间花在成本削减计划上。相反地，运营副总开始亲自参与到赢得高价续约合同中，同时，策略高管负责监控条款变动及起草如何影响和/或规避最不利结果的计划。领导们关注自己最熟悉的领域——成本削减是很自然的事。但是，论证得出的见解引导他们转移到真正重要的事情——最有可能提高公司价值的事情上来。

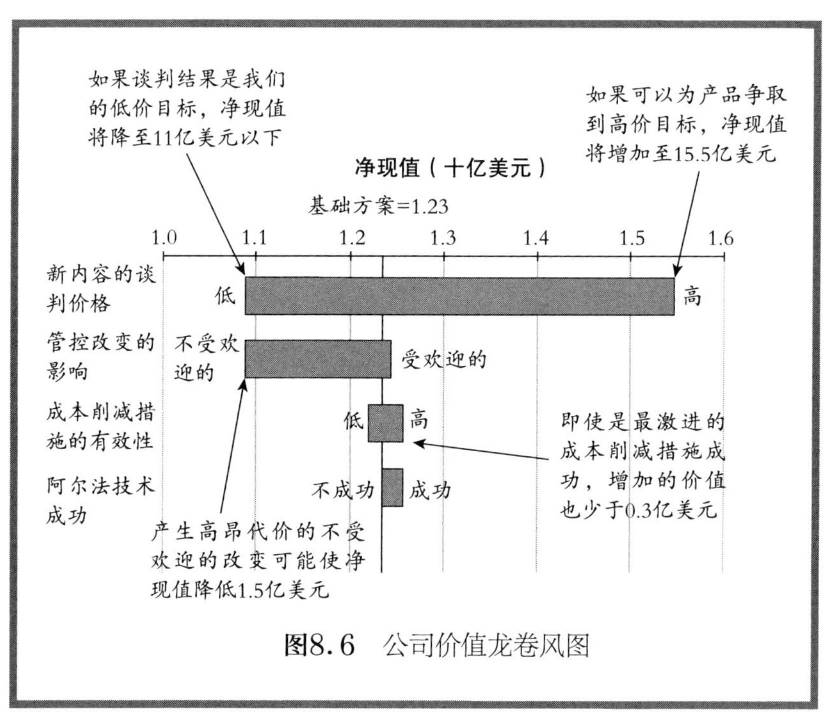

图8.6 公司价值龙卷风图

龙卷风图揭示了每个单个不确定性如何影响选项价值。通过这样做，龙卷风图提供了关于什么信息最重要的线索。虽然，最后，许多不确定性组合成为价值的不确定性。在商业实例中，公司可能具有低操作成本、高市场份额。这些可以综合起来创造更高价值。或者，产品价格低时也可能出现高资本支出，从而导致更低价值。我们需要的是一种能看清所有不确定性如何组合、如何影响整体价值的方式。

决策树可以示出事物在决策中如何组合，如迈克尔面临的工作决策。当问题变得更复杂时，决策树软件包可以与决策模型相结合，用于计算非常大的树末端的价值。模拟工具（如蒙特卡洛）也可以用于计算数千种不同组合的结果。利用当今的计算机和软件，巨大数量的可能结果组合可以加权其发生概率，计算出每个选项的期望值。这是比较选项最好的单值。但是，制定决策需要的通常比概率加权平均数更多。结果范围也非常重要。此时用“飞框”（flying bar）就很方便了。

飞框：整体不确定性展示工具

飞框突出了当所有相关不确定性组合到一起时选项价值的范围。其中示出了所有可能结果的第10和第90百分位。这意味着有80%的概率该选项会落在这个范围内。横向比较选项的飞框帮助我们在考虑可能价值结果范围的前提下选择最高价值选项。迅速浏览图8.7中的例子可以看到，选项B期望值最高：2.5亿美元。而且下行侧（第10百分位）也优于选项A：−1亿美元vs−2.5亿美元。选项B的上行侧（第90百分位）几乎和选项A一样好，从而可以在兼顾期望值和可能结果范围的前提下轻松选择B作为最佳选项。

可能出错的事

充分论证可能出现的主要错误就是人们做得不够明确。当面对类似迈克尔的职业选择等重要决策时，许多人不遗余力地考虑信息和价值，

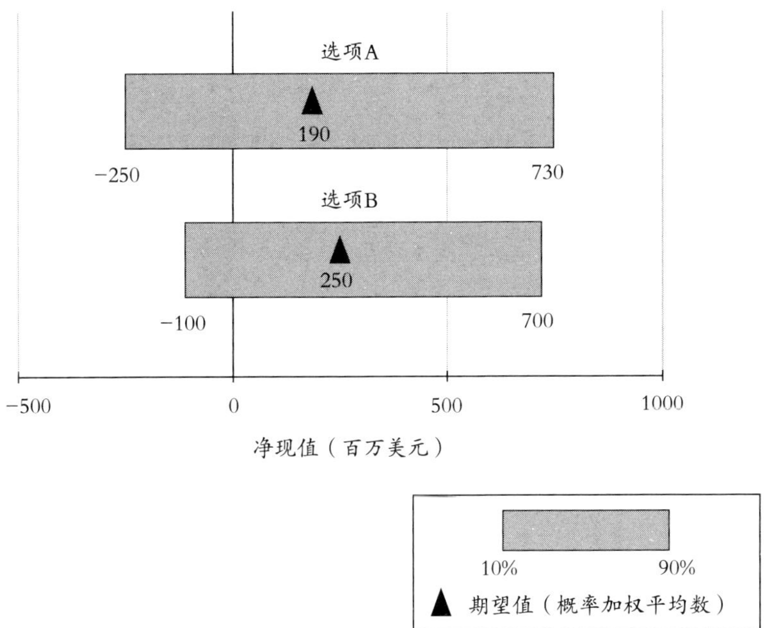

图8.7 两个选项比较的飞框图示例

却没有迈出必要的下一步：构建决策树、详细列明概率和价值以及进行简单的数学计算。经常使用的简单决策树可以在结合各种概率时帮助弥补我们天生不足的直觉。

不确定性是常常出错的地方。金融建模是战略性商业决策中必不可少的，其需要识别不确定性。不幸的是，在应对不确定性时，有太多公司喜欢走捷径，采用一些或高或低的情境或商业案例，而不是对所有重要的不确定性做范围估计。当决策者走捷径时，就不可能知道不确定性将如何影响他们选项的价值。

在另一种不当的快捷方式中，金融分析师描述风险的方式是：针对那些被认为冒险的选项，用较高的最低资本回报率对未来现金流进行贴现。贴现是反映现金流时间差异的准确方式，而不是描述风险差异的正确方式。风险贴现只是扭曲了选项价值，使任何包括长期交付价值的选项与短期支出选项相比处于劣势，即使长期选项的交付价值可能更确定。

复杂情况中存在相互关联的多个因素，也可能导致决策者倾向于过分简单化，从而降低决策质量。想象一下制定一项关于生产线的决策，却故意忽视直接竞争、潜在技术陈旧或材料来源有限等复杂因素。这听起来可能很荒谬，但人类对于简单的渴望常常会促使我们走得太远。我们必须注意有效解决真正困境所必需的复杂程度。与不确定性相似，当评估和比较复杂选项时，复杂性必须明确、正确地表达。

何时寻求论证方面的帮助

论证最大的挑战之一是如何知道应该何时寻求帮助。我们并不是每次割到手指或感冒都会去看医生，也不是每次面临选择时都需要决策专业人士帮忙。对一个复杂性或重要性不高的决策来说，优质决策要素可以作为清单，确保我们正确思考问题。战略决策另当别论。对于那些难度更高的问题，充分论证工具是不可或缺的，其影响更大的后果往往会让决策专业人士的协助成为一项好的投资。

优秀决策专业人士擅长分析和应用决策工具。他们还有推动团队提高优质决策所有要素质量、得出对问题的正确看法、管理组织复杂性及达成一致的经验。如果决策很重要，对未来有巨大的潜在影响，或者最佳方案很难确定时，他们会很有帮助。当不确定性或相互关系导致难以描述选择的结果时，决策专业人士可以帮助正确地论证和分析。

从简单开始重复的力量

正确地论证并不意味着使其过于复杂。我们的目标是高效且有效地实现最佳选择。为了达到这一目标，充分论证的开始要尽可能简单，利用合适工具进行必要重复。基于包括不确定性大致估算的简单决策模型的快速价值计算可以用于识别值得的改进。初步结果可以开始用于回答“哪个选项看起来最好，为什么？”的问题。这些初步回答帮助确定是否需要更详细的模型来区分各个选项，或者是否必须更仔细地量化价值置换。初步龙卷风图将回答“根据最后的结果不同，哪个不确定性会导致价值的最大变化？”的问题。这帮助识别哪个信息估算应该通过额外研究及与多位专家的条理交谈重新限定。随着决策模型、输入和分析结果都重新限定，常常可以创造一个组合选项，综合不同选项优点、得到更多我们想要的。

用充分论证指导分析确保将精力花费在最重要的事情上，而不是不必要评估上。一旦最佳选项清楚了，优质决策的要素满足了，分析就可以停止，从而为决策者提供自信选择的基础。

判断论证质量

决策中的一切通过充分论证整合到一起。待论证结束时，我们应该已经完成了奥利弗·温德尔·霍姆斯的目标：复杂性深层的简单。当我们在优质决策的这一要素达到100%时，我们就清楚了哪个选项能最大化地实现我们真正想要的，并且十分明白为什么这个是最佳选择。通过重复过程，高效论证还可以帮助提高优质决策其他要素的质量。质量判断问题应该重点关注论证过程及分析生成的见解，包括那些关于优质决策其他要素的见解。有用的问题包括：

- “哪个选项看起来最好？为什么这个选项优于其他选项？什么导致了价值上的差异？”
- “答案经得起推敲吗？输入的什么变化会导致我们改变决策？”
- “根据最后的结果不同，哪个不确定性会导致价值的最大变化？”
- “如果我们进行不同的替换，决策该如何改变？”
- “有没有一个组合选项可以综合其他选项的优点？”
- “这种论证程度对这个问题来说合适吗？有没有将问题过于简单化或过于复杂化？”

- “有没有正确使用决策树和其他决策工具展现每个选项的相关不确定结果？”

行动中的充分论证：最高管理层的争论

高度易腐产品的生产有一个很大的问题：关键产品生产能力有限。公司管理层已经争论了几个月，COO（首席运营官）主张增加投资，扩大产能，CFO则主张资本稳健。

COO支持立刻大规模行动。“我们的客户抱怨产品交付延迟，”他争论道，“而且潜在客户正在流失，投入其他竞争对手的怀抱。”就他所见，公司正面临永久丧失市场重要地位的风险。

CFO却很谨慎。她问：“扩大生产能力需要投入多少？我们的股东现在能接受大规模资本支出吗？我们的收入会下降吗？”她还指出了一些其他待回答的问题：未开发的需求有多大？扩大产能的优势多久才能满足底线要求？“考虑到去年的绩效很差，现在不是应该进行财务冒险的时候。”

COO和CFO之间的争论愈演愈烈，而同时，CEO即将退休，双方都希望可以接替他的位置，因此，他们之间的冲突又添加了一些个人因素。这种情况令CEO很失望，他发动了对决策的审查。是到了该结束僵局，继续前进的时候了。

一个项目小组与领导小组协作，制定了统一的问题框架及三个竞争选项。CFO支持第一个维持现状的选项，称之为“不扩大”。COO赞成第二个选项——“立刻全面扩大”。项目小组提出了关于生产能力的第三个选项——“阶段性扩大”。为了确定哪一个选项代表最高价值，项目小组成员构建了这些选项的决策模型。该模型包含公司专家的最优判断，包括成本不确定性、客户需求、时机等。随后进行了数值运算，形成关于每个选项价值的重要见解。

具有最高净现值的选项是“阶段性扩大”。这种方式是随时间逐渐增加资本支出，并生成每个阶段新增资本的增量收入。对更大生产力的需求可以在扩大过程中监控，并根据市场反应改进计划。

即便如此，这个选项的净现值仍然包含巨大的不确定性。项目小组绘制的飞框图（图8.8）揭露了最上面选项可能价值结果的宽泛范围。COO支持的选项，即“立刻全面扩大”，呈现出的潜在结果范围更大，期望值更低且下行性更强。CFO支持的选项，即“不扩大”，不确定性较少，但期望值比其他两个选项都要低。这种价值量化清楚地示出优胜者：阶段性扩大选项，逐步扩大生产能力。

这个案例中，充分论证将决策从冲动的倡议提升为理由充分

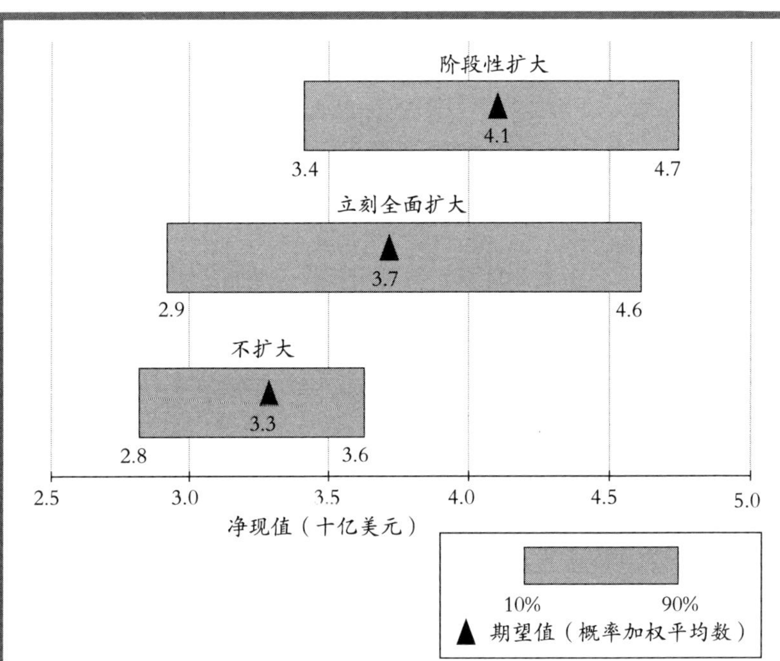

图8.8　公司三个选项的飞框图

的分析，囊括了专家观点，理解了不确定性，并且量化了潜在结果。曾经令领导者一度陷入困境的情况，如今已经可以自信地做出优质决策。COO和CFO摒除最初的分歧，共同支持新选项。了解了扩大如何开展的信息后，CFO将开始处理股东对支出收入短期影响的预期。COO将开始制订计划，应对生产计划和客户关系的变化。经过通力合作，他们与CEO在为该公司创造更多价值的道路上成功迈进。

充分论证理清应该做什么——理清目的。但是，即使是当选择似乎已经清晰时，决策还需要一件东西才能满足优质的定义：付诸行动。这就是下一章的主题。

记忆要点

- 充分论证考虑到我们的问题或机遇框架，以及我们能做什么（选项）和我们知道什么（信息），揭露能最大化地实现我们真正所想的选择。
- 不过分复杂的重要决策通常可以通过绘制决策树和收集回滚决策树所需要的信息，用纸、笔和简单的数学运算解决。（对四小时的决策来说，不需要电子表格模型。）
- 许多战略决策需要决策工具的力量。当复杂性和不确定性很高时，这些工具帮助决策者比较选项。
- 关联图识别产生选项价值的许多因素及其相互关系。
- 决策模型计算任意输入估算组合的价值结果。
- 龙卷风图总结了灵敏度分析，以示出每个不确定因素如何影响最终价值的不确定性。
- 飞框图总结了每个选项的价值结果范围。
- 决策专业人士受过催化领导技能及用于解决复杂决策情境的分析工具使用方面的专业训练。
- 充分论证寻求见解和清晰，利用重复过程及合适的工具达到复杂性深层的简单。

注释

1. 如果迈克尔解决的问题涉及更大数额，例如数百万而非数千美元，他可能会得出这样的结论：有结果范围的选项可能更没有吸引力，虽然它的期望值与无风险选项非常接近。如果他是风险厌恶者，他可能愿意放弃一些期望值来换取避免不确定性。虽然总体来说，这不是最好的做法，尤其是在商业领域。商业领导者常常有因为风险降低选项价值的冲动，但这通常会导致丢失巨大价值。在大多数情况下，商业决策应该根据期望值做适当的冒险。

2. 关于决策专业人士工具和做法的更多信息，可以参见教材*Decision Analysis for the Professional* by Peter McNamee and John Celona（4th edition，2008）。关于决策专业人士技能要求的描述可以参见“决策专业人士协会”网站（www.decisionprofessionals.com）的认证要求。决策专业人士的基本技能可以从斯坦福大学职业发展中心开设的“战略决策和风险管理”证书课程中学到。参见http：//strategicdecisions.stanford.edu。

3. 关联图有时被称作影响图、价值图或知识图。技术文献中最常见的叫法是影响图。

4. 读者可以回忆一下统计课上讲的通过计算范围面积总和组合得到不确定性。不确定性的这一本质特征非常有用，因为其产生了对整体价值不确定性具有非比例影响的上部不确定性。具有上部条框1/4宽度的条框对整体答案的不确定性影响只有1/16。

9

付诸行动

重要的是做什么，而不是打算做什么。

——巴勃罗·毕加索

优质决策链的前五个环节——框架、选项、价值、信息和论证——质量都达到100%，可以形成明确的最佳行动方案。此时，我们知道自己应该做什么。我们的目的很明确，但这并不等同于我们的做法。没有行动，最佳选项的价值就只不过是潜在价值。将潜在价值转化为实际价值需要行动。

两种思维模式：决策和行动

只有资源不可撤销地分配到行动中，决策才算是真正完成了。因此，我们需要付诸行动，并且思维从思考模式转换为行动模式。思考和行动是两种不同的思维模式。我们每个人都经历过这两种模式的多次转换。决定要买某个房子或车子是思考；签订合同、付首付就是行动。然而，有时候即使清楚地知道要做什么，从思考到行动的转换却并不总是那么容易。如果商业决策可能会产生坏的结果（几乎所有的商业决策都是），领导者可能会在付诸行动时犹豫不决。决策者采取行动甚至会有财务风险，因为奖励通常是好结果的回报，而不是好决策的回报。但是，没有行动，决策中潜在的价值就不可能实现。

从思考转换为行动的难题在一个名叫欧内斯托的年轻人的案例中更加突出，他参加了一个为期两周的决策技能培训项目，这个项目主要针对青少年和年轻人。参与者们利用优质决策要素作为指导，制定一项个人决策。为了帮助年轻人体验付诸行动，指导教师在地上贴了一根线，敦促他们一旦“毫不犹豫地付诸行动”，就跨过这根线。

欧内斯托一直因一个重要而痛苦的个人问题备受煎熬：父亲的疏远。虽然他们生活在同一个屋檐下，但父子俩已经一年多没说过话了。欧内斯托意识到这种情况必须改变，并且决定他（而非他父亲）需要走出和解的第一步。他的目的很明确。但是，到了该他跨过线的时候，他在那里站了很长时间，然后往后一退，说：“我真的做不到。”

第二天早上，欧内斯托早早来到了训练场。显然，他一宿没睡好。不过，他已经准备好付诸行动了。他昂起头，走到线旁，然后，毫不犹豫地跨了过去。大家都相信他完成了从思考到行动的转换。

从思考到行动的转换可能是心理上的，可能需要勇气。还需要从一个技能组合转换为另一个技能组合。在决策过程中，冲突是燃料，促进形成多样化的选项组、价值和观点。该行动时，我们需要达成一致，共同入伙。决策思维模式必须包容不确定性；行动思维模式必须将不确定性替换为确定的目的："我们继续吧。"

这两种思维模式的转换对行动导向型主管和经理来说尤其困难，他们会陷入决策的复杂性和不确定性中。但为了更有效，他们必须学会在两种模式——决策和执行——下运作，迅速从一种模式转换为另一种模式。想象一下，在行动非常关键的情况下，COO经常沉浸在本周或本月改变操作指标的重要细节中。突然，她必须将思维和目光转移到公司的长期战略投资上来。与详细运营调整的迅速行动不同，战略决策涉及的细节更少、在结果显现之前要经过很长时间，而且一旦开始执行，调整代价可能非常高，或者根本不可能调整。与运营中关注的"准备—开火—瞄准"（ready-fire-aim）执行方式不同，战略决策需要大量思考及其他人的参与。这是两种非常不同的思考和行为模式，但主管和经理必须两种都在行。

通过参与和拥有付诸行动

付诸行动是建立在参与和拥有的基础上的。例如，考虑一下典型的企业。不管一个人拥有小型服务企业、零售店还是高科技初创企业，他/她都会不惜一切代价保证企业维持并扩大。在许多情况下，这意味着每天工作12小时、不参与家庭活动及做出其他个人牺牲。当遇到阻碍时，企业家们会不遗余力地努力克服、避开或挺过去。如果需要更多资金，他/她会向（求）朋友、家人及业务熟人借现金。如果一开始的10

个人说不行，企业家们会找另外10个潜在投资者借。

是什么促使这些企业家做出这种程度的顽强努力？答案就是对自己拥有的业务及其所有决策的责任——从写商业计划到敲客户的门，再到挑选下一名雇员。因为企业家们拥有这些决策，他们会做任何需要做的事来保证成功实施这些决策。他们有自身的利益在其中。

组织和商业学者一直很困惑，不知道该如何激发这种拥有感，这对建立行动责任来说至关重要。持股计划、绩效薪酬制度及相关方案都已经尝试过。这些都有其优势，但最后，对个人来说，金钱奖励与参与到自己要执行的决策相比就不那么重要了。参与可以激发一种拥有感，从而在执行过程中产生责任感和有效性。

简单来说就是，优质决策要求双方都承担责任：有权决策、分配资源并支持自己选择的人；以及那些将要领导决策执行的人。双方必须都有机会参与决策过程。当执行者被纳入决策过程中时，他们：

- 提出新的选项建议。
- 从他们的独特角度提供见解和信息。
- 帮助搜集信息。
- 评估可行性并识别潜在的执行失败情况。
- 探讨并分享他们关于决策价值动因的观点，从而准备在执行过程中做出价值驱动决策。

通过参与，他们还有机会明白：

- 有什么利害关系及为什么这个决策很重要。
- 为什么选择这个选项（以及或许为什么他们更偏向的选项被否决了）。
- 决策者对执行的期望是什么。
- 这个决策会如何创造价值，以及关键价值动因是什么。
- 为了保证价值，执行过程中可以做什么样的替换。

当决策只是简单地丢过去让人执行时，这些好处就都没有了。通过一起协作，决策者和执行者建立了相互尊重、有效合作的基础。这就消除了经常使战略家和执行者对立的心理问题，此时他们应该朝着共同的目标努力：为企业创造并交付价值。有些采用优质决策方法的公司已经将决策和执行合并为一个端对端的过程，以确保价值创造过程不会在从决策到执行的传递过程中失败。

执行者带着他们由行动世界塑造的思维方式。这可能会导致战略家觉得让他们参与决策过程似乎很麻烦，他们抱怨说，执行者们倾向于：

- 预先包括过多细节，因为这对于之后的执行很重要。
- 看到一个好的选项就想立刻执行；他们通常表现出说明他们没有耐心的行动偏见。

- 经常表达对不确定性的不安。

控制战略家与执行者思维模式之间的自然冲突需要技巧。不过，双方都参与决策过程的好处是，使执行领导者获得对决策的深刻理解及拥有感，这样可以避免许多下游失败。如果不是说绝大多数，也有许多执行失败并非真的是执行失败。相反地，这些失败是不完善决策过程的结果——是优质决策要素的失败：能够决定决策的人和领导实现决策工作的人双方真正地付诸行动。

有意识地承担责任

要做出决策时，是该回去重新检查一遍的时候了。在第1章中，我们无法确定决策是否会产生特定的、想要的结果；谁也没有水晶球。但是，我们评估每个要素的质量：决策框架的制定、考虑并检查的选项等。我们每一项都已经做得很好了吗？每一项在我们的质量评级中都达到100%了吗？如果是，那决策者已经最大限度地完成了可以做的工作，可以不必过于歇斯底里地告诉执行者去执行了。

付诸行动是优质决策必不可少的结尾部分。关于最佳选择的争论已经结束，该是有意识地转换到行动和执行的具体细节上来了：人员、时间安排、具体设计、采购、预算、跟进及其他执行任务将实现决策的全部价值。

可能出错的事

一旦其他要素都达到100%，并且最佳选择已经清楚，优质决策剩下的唯一一件事就是付诸行动。在这个过程中会获得什么？可以做什么让这条路更清晰？

- **对于到底需不需要做决策的不同意见。**

这种不同意见应该加到早期阶段中，而不是留到最后。高质量决策框架和开放的决策过程应该可以帮助避免这个问题。

- **对于优质决策其他要素的质量无法达成一致。**

不同的利益相关者可能对100%质量的构成及是否达到100%持有不同意见。如果没有每一项要素都达到100%，那根据定义，应该值得在付诸行动前继续投入时间或资源找出质量差距并缩小。

- **对决策内在的不确定性感到不安。**

所有决策都是关于未来的，也就是不确定的。即使是高质量决策，也不能保证结果。由于实现价值的唯一方式就是行动，这种不安必须克服。对潜在的坏结果来说，可以制订缓解计划使其影响及相关担忧最小化。如果担忧基本上是关于要对坏结果承担责任的，可能需要改变激励机制和同事观点来创建优质决策文化。我们必须提醒自己，决策真正的质量需要在做出决策的那一刻判断，而不是待结果出现时判断。

- **对于从决策模式到行动模式的转换犹豫不决。**

这一转换需要有勇气，并且愿意承认不同技能组合的重要性。在一些情况下，决策者只是无法放手——也就是说，他们无法放弃控制权，让其他人接管。害怕将控制权移交给其他人——执行者——可以通过使那些执行者参与决策过程、建立信任并在企业的共同目标价值上达成一致来缓解。

- **无法与那些必须执行决策的人密切合作。**

在付诸行动之前，执行者需要参与决策并获得决策的拥有感。执行过程中，执行者缺乏责任感导致的许多失败实际上是错误的决策过程导致的。那些领导执行的人需要在决策过程中担任一定角色，而不是只在决策做出后进行交接。所有利益相关者的切实参与和责任感对高质量决策以及提高执行成功率来说至关重要。

判断付诸行动的质量

在大多数情况下，很难在决策过程结束时判断付诸行动的质量。更大的挑战是在整个过程中建立责任感。为了确保决策链该环节的高质量，决策者应该问一下：

- “优质决策的其他所有要素我们都已经达到优质了吗？如果没有，在付诸行动之前，我们需要关注哪些？”
- “大家对其他要素所需要的额外工作有不同看法吗？我们应该如何解决这些分歧？”

- “一旦我们开始付诸行动，能将决策坚持到底吗？利益相关者和企业的权威人士一致同意这个选择吗？”
- “我们是否真的理解了成功执行决策所需的资源水平——金钱、人员、时间、做这项工作的权力、执行性注意？这些资源都已经准备好了吗？”
- “决策团队中的每个人都愿意坚定执行吗，包括执行者？他们全都理解关键价值动因了吗？”
- “我们理解执行风险，准备好良好的缓解计划了吗？如果任何最坏的可能结果出现，我们有能力做出反应吗？”

付诸行动：进军中国市场

几年前，美国一家大型家电企业开始制定自己的进军中国战略。公司希望在庞大且日益增长的中国市场上增加曝光率。美国领先的冰箱生产商及其他厨房电器商已经感觉到在成熟的国内市场上来自亚洲对手（中国、日本和韩国）的些许竞争压力。相反地，这些国家的国内电器市场非常庞大且日益增长，而美国生产商的市场占有率却非常小。所有人都希望占领更大的市场，尤其是在中国。

公司有各种可以销往中国的电器，从经济型到厨师级质量型，再到为高端消费者专门设计的特色商品。他们的目标是在这个重要市场上占据牢固的立足点。

随着项目小组开始工作，有精明的成员开始问：“以前有没有制定过类似的中国市场战略？”他们希望借鉴之前的所有思路、经验和数据。令人惊讶的是，之前已经制定过两次中国市场战略。更加令人惊讶的是，没有人知道这两次最后的结论是什么，或者做出了什么样的决策。为了避免再次重蹈之前项目的覆辙，小组与之前项目的参与者进行了交谈，其中包括公司最优秀的市场专家和经济预测师。他们发现，之前的项目没有考虑到如何执行战略相关决策、谁来领导这一步。这些早期的项目小组中没有执行者。

在这种情况下，新的项目领导者知道付诸行动非常关键，他在小组中新增了来自两个团队的人员：（1）知道如何在中国建立及/或维护电器零售网的人；（2）在中国市场经验丰富的产品开发和制造员工。公司的决策者需要知道那些了解目标国家零售网、中国家庭独特的产品需求以及如何在中国实现质量生产的人的看法。对他们来说，这些执行者必须理解新的战略，并形成执行战略的个人责任感。

在为期四个月的工作中，项目小组形成了几个有吸引力的战略。每个战略都有大量市场信息支持，并根据假设实施设计。当高管层选择最佳战略选项，下达指示时，执行者们既了解了信息又能坚定地付诸行动。几个月后，公司期待已久的进军中国市场战略终于实现。

记忆要点

- 在我们真正行动之前，知道该做什么——最佳选项——只是一种目的。
- 真正的价值创造既需要做出决策，也需要执行决策。决策识别潜在价值；执行将其转化为真正的价值。
- 有意识地付诸行动是一种思维模式转换——从思考的世界转换为行动世界。
- 执行的原则和技巧与决策技巧截然不同。
- 参与决策过程可以建立对决策的拥有感。
- 当执行者明白为什么选择这个选项、为什么否决其他选项时，执行过程就会更快、更顺利。
- 理解了为什么所选的选项能增加价值，执行领导者就能做出保护价值的执行决策，即使是在出现挑战的时候。
- 许多“执行失败”其实是执行过程中出现的决策失败。

第三部分

如何实现优质决策

DECISION QUALITY

第一部分和第二部分解释了为什么需要优质决策，并描述了实现优质决策的六大要素。第三部分一开始就承认人类大脑并不是天生就能做出优质决策。第10章和第11章揭露了做出高质量决策时经常遇到的偏见和决策陷阱。通过理解这些偏见，我们可以努力避开它们。第12章和第13章介绍了克服偏见及在两种不同决策类型——战略决策和重要决策——中实现优质决策的实用、可靠过程。由于这些决策在级别和复杂性上不尽相同，因此需要不同程度的准备、分析和协作。这些章节描述了适用于战略决策和重要决策的过程，并包含应用实例。

10

决策中的偏见和陷阱

我们满心相信这个世界是有意义的，这份信心建立在一个稳妥的基础之上：我们最大限度地忽略自己的无知。

——丹尼尔·卡尼曼[1]

人类的大脑并不能自然而然地、依靠直觉做出优质决策。由于我们大脑的思维方式，我们的最佳意图和真正的优质决策之间常常被思维陷阱和偏见阻隔。有些源于我们自己本身；有些则是与周围人互动过程中的潜移默化。本章概述了影响我们决策的偏见以及这些偏见背后的思维机制。除描述外，本章还将提供关于如何避免由此导致的决策陷阱的指导。

思维机制

思维偏见已经成为心理学家及一些行为学家成果颇丰的研究领域，并且已经成为过去50年间许多书籍和文章的源头[2]。最新的一次统计表明，已经被分类的有具体定义的偏见有200多种，而且每年还有更多通过学术研究被发现。虽然已经有大量研究投入这些偏见的识别中，但很少有人研究如何将它们整理出来。本章将重点介绍一个直接影响决策的偏见子集。根据导致偏见的心理行为不同，这些偏见被划分为六类[3]（图10.1）。为了解决这些偏见，我们必须首先理解能够导致及减少偏见的思维机制。

偏见结构中部是人类大脑如何做出判断和决策。丹尼尔·卡尼曼指出，我们有两种截然不同的思维过程[4]。第一种，他称之为系统1，非常快且强烈（情感上），会走许多捷径。系统1基本上是无意识的，根据“所见即一切”（What You See Is All There Is，WYSIATI）的原则运行，唯一重要的是设想能得到什么。系统1快得令人惊讶。它可以迅速识别复杂模型，允许我们完成复杂的重复任务，如开车或在制造厂中进行操作决策。但是，系统1无法通过训练为审慎决策提供充分理由，而

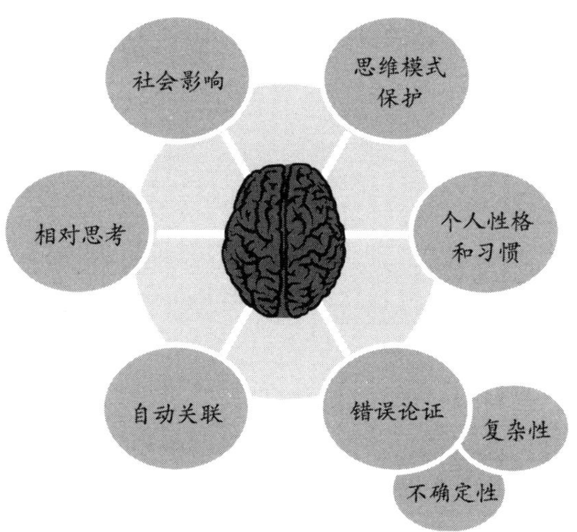

图10.1　决策中的偏见结构图

且如果没有干预，会引导我们走入陷阱和偏见。

系统2相对来说较慢，需要投入精力。系统2是理性且社交情绪化的，被认为是冷静的而非热烈的。这是一种非常强大的机制，可以通过安装“决策支持系统”（mindware）[5]，经过训练完成基本的决策任务。决策支持系统是我们大脑用来完成乘法运算等任务的知识和程序。但是，系统2仍然容易受偏见影响，尤其是在以各种因素的不确定性或相互作用为特点的复杂决策情境下。甚至是当我们处于系统2中时，我们仍然无法在大脑中绘制出有效的决策树。

系统1的一个强大习惯就是用深思熟虑的系统2做重要决策，实现我们大脑内容的优化利用。但是，在复杂和重要决策中实现优质决策要求更多。我们可能需要采用一个决策过程，形成计算机模型来预测结果，利用专家意见来指定概率，甚至是用代数解决有四个未知数的四个方程。我们无法在脑中完成所有这些事。我们需要外部资源的支持，包括工具、过程、数据和/或专家。利用外部支持扩大我们的思维过程是一种很重要的活动类型，作者称之为系统3。系统3并没有成为行为决策学研究的重点，而是作为做出复杂决策时系统1和系统2的关键补充。图10.2突出显示了系统1和系统2的特

图10.2 能够产生和减少偏见的三种思维过程

点，并描述了系统3如何利用外部资源。

通过认知与训练，三个系统都可以用于帮助避免偏见。本章的每次讨论均以思维模式保护范畴开始，然后是社会影响，内容包括对关键偏见的描述、如何利用系统1、2和3减少这些偏见的观点。

思维模式保护

思维模式保护

- 避免不和谐
- 确认性偏见
- 自负
- 后见之明偏见
- 自利性偏见
- 现状
- 沉没成本

关于偏见的本讨论以思维模式保护范畴开始并非偶然。我们的思维模式及其产生的偏见都是决策的最大影响因素。思维模式是关于我们大脑的一切：信仰、现实的思维模型、吸取的教训、记忆、偏好、偏见及无意识假想等。我们用这些来解释世界，做出判断和决策。无论何时，当我们遇到折磨我们思维模式的事情时，第一反应是拒绝或攻击它，就像抗体攻击外来微生物一样。

想想欧洲人16世纪早期之前的思维模式吧。长达几个世纪，白天，人们看到太阳东升西落，晚上，固定图案的星星又东升西落。当时的科学家将地球描述为宇宙的中心，所有天体都围绕地球转。在这种思维模式下，人们所看到的一切得到了完美的解释。当哥白尼提出完全不同的解释时，很多人都不高兴。他的太阳中心说打破了人们的宇宙思维模式，引起了许多消极反应和智力上的不适。

这个例子表现了因保护思维模式产生的一种偏见：避免不和谐。与我们已有思维模式不一致的观点会引起不适，因为大脑无法准备好同时接受互相冲突的不同观点。心理学家将这种不适称为“认知失调”。其导致的结果是冲动地怀疑或无视不符合目前思维模式的信息。这种避免不和谐的行为可能影响决策质量。此外，重建思维模式很难，因为人们会不自觉地排斥与已有信仰冲突的证据，而保留证实相同信仰的证据：也就是所谓的“确认性偏见”。

“自负”是一种相关的思维困境，我们认为自己知道的比实际知道的更多，并且对这一点过于自信。想象一下，有人要求一位专家预测明年一种重要产品的销量范围。该范围以第10和第90百分位分别表示低值和高值，应该包括80%的所有可能结果。但是，如果一个没有经过训练的人在无任何指导的情况下限定这个范围，最后的结果通常会过于狭隘，只包括50%的真正结果。这种对不确定性的低估才是优质决策的真正挑战。

更糟糕的是，当回顾之前的错误或意外时，很容易给自己找到理由说我们一直都知道正确答案，这就要归功于“后见之明偏见”了。同样，我们高估了自己的积极品质，表现出“自利性偏见”，将成功归功于我们自己的努力，而将失败归咎于运气差或情境因素。

我们还有用“现状偏见”保护我们已有的思维模式，据此，我们固守当前的地位、科技水平或过于激烈、耗时过久的业务策略——甚至无视这样无效的证据，加大执行力度，希望事情有所好转。这种行为在沉没成本相关决策陷阱中尤其明显，这在商业组织中非常常见。在投入大量资金以后，很难放弃一次失败的努力，哪怕目标分析师已经说了：“没有用的。放弃它，换一个吧。”而受沉没成本陷阱影响的人会说：“可是我们为了研发这项技术已经投入了600万美元！我们必须坚持下去。”这种思维会导致人们像古语中说的那样：赔了夫人又折兵。

如何处理保护思维模式产生的偏见

保护思维模式可能导致坏的决策。那么，我们能做些什么呢？第一道防线就是注意。进一步地，系统1可以经过训练形成“学习框架”。通过应用学习框架，我们承认自己并非无所不知，而且我们目前相信的其实可能是错的。学习框架在思维和情感上都为改变、以不同的方式做事做好了准备。通过反复练习，我们可以形成一种思维习惯，能够减少我们保护思维模式的人类倾向。

系统2和3也可以用于避免保护思维模式产生的偏见。系统2可以有意识地用于寻找挑战最初信仰的信息。系统3可以用于任命一位受人尊敬的经理或非正式领导扮演故意唱反调的人，挑战各种假想和不合适的信心。一旦我们认识到自己的思维模式可能对我们施加的各种局限性，就更容易有意识地跳出来，邀请他人在这一过程中帮助我们。

个人性格和习惯

个人性格和习惯

- 基于偏好的习惯
- 习惯性框架
- 内容选择性
- 决策风格

决策偏见的另一个重要来源就是形成偏见的各种习惯和个人性格特点。商业领域中最流行的个性指标就是迈尔斯–布里格斯性格分类法（MBTI）。大多数读者已经接受过这种性格测试。MBTI[6] 区分四个方面的偏好差异：

- 外向（Extroversion）vs 内向（Introversion）：我们与周围世界的关系如何
- 感觉（Sensing）vs 直觉（iNtuition）：我们做出判断和决策的输入来源
- 思考（Thinking）vs 情感（Feeling）：我们得出结论、做出决策的方式
- 判断（Judging）vs 理解（Perceiving）：我们更喜欢下决定还是对可能性持开放心态

一个人对每个方面的偏好通常用四个字母的类型描述表示。例如，合著者卡尔是ENTP型。知道自己及周围人的性格类型后，我们就可以

发现基于偏好的习惯。例如，外向型与别人一起讨论会感觉精力充沛，而内向型则会远离讨论，觉得这让他精疲力竭。当决策需要信息时，感觉偏好型的人会搜集具体的事实信息，他们对直觉偏好型同事提出的不确定的可能性和情境充满怀疑。

每个人都有自己偏好的方式。不幸的是，与“所见即一切”的原则一样，这些偏好会影响我们关于某个特定决策中需要解决什么的判断。实际上，我们需要关注决策的本质本身，而不是那些考虑决策的人的偏好和习惯。不要让我们基于偏好的习惯阻碍我们解决需要解决的问题，这一点很重要。

性格偏好导致某些具体的思维习惯，这些习惯会影响决策。其中一个例子就是习惯性框架的使用。对更喜欢基于直觉思考的人来说，将问题框架扩大到包括许多不同决策是非常自然的，而感觉型的人则会自然地将框架缩小到集中在尽可能少的具体决策上。类似地，“内容选择性偏见”会促使我们关注那些迎合我们对世界的习惯性看法的信息；情感型会强调决策中人的因素，而思考型会将技术、系统的观点放在首位。

同样，我们会选择与我们天生的决策类型相匹配的决策过程。外向型更喜欢可以在小组中互相讨论的决策过程，而内向型更喜欢可以自己把东西写下来的方式，判断型希望迅速结束，而理解型则喜欢保持开放选择。

性格偏好和思维习惯本身并不是问题。问题是当这些偏见引导我们做出决策时，会产生消极影响，因为我们所看到的并不是事物本来的样子。

如何处理性格和习惯偏见

因性格而产生的习惯和偏好是决策陷阱的潜在来源，同时也是需要修正和预防的源头。我们可以利用系统2的思考方式，首先通过理解自己想要做出的改变来养成新习惯。之后，我们大量重复，直到在我们的系统1大脑中形成新的自动反应。利用审慎的系统2大脑，我们可以约束自己去做需要做的，即使这样做会使我们偏离自己更喜欢的方式。我们也可以通过建立包括各种性格和习惯的小组来实现系统3。认清自己的偏好和习惯是在给定决策情境下做出需要做的事情的第一步。之后，我们需要退后一步，诊断决策情境，做解决决策所需要做的事情，不管这是不是我们自然而然地选择的。

错误论证

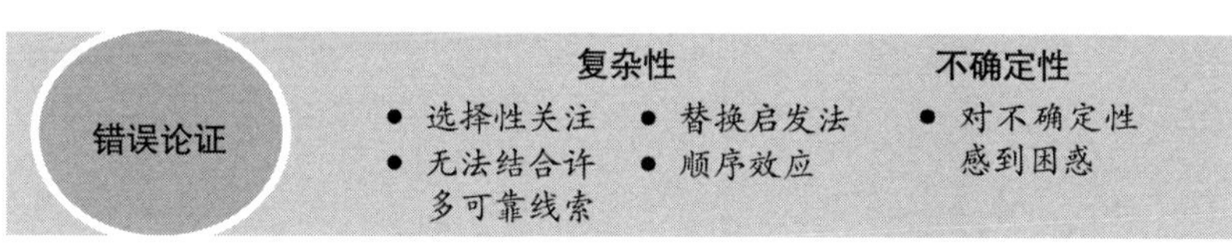

当被迫处理与许多互相关联的因素相关的不确定性或复杂性时，人类大脑会陷入挣扎。即使是当我们处于认真思考的模式时，我们也不能在大脑中自然地绘制出良好的决策树或解决有四个未知数的四个方程。

复杂决策需要用到系统3，也就是系统2的外部增大版。如果不使用系统3，由于复杂性和不确定性的双重存在，我们会成为错误论证产生的“预测性偏见”的受害者。

复杂性产生的错误论证

多重问题和数据负荷会使人类大脑产生混乱。作为回应，我们往往将其过于简单化。我们会选择性地关注那些似乎最重要的变量，忽略其他变量。在多个价值维度都很重要的情况下（如一个可能的新房的位置、成本、尺寸、平面布置图、装修及修葺状态等），我们最后仍然只关注几个关键属性，因为我们无法可靠地整合多个线索。我们用“替换启发法”将注意力从一个很难的问题（“在这个决策上我们应该花费多少精力？”）转移到一个更简单的问题（“在召开下次常务会议之前，我们还有多少时间？”）上，即使简单问题的答案可能跟我们真正需要回答的问题基本没什么关系。当面对许多不同的信息时，另一个基于顺序效应的陷阱会引导我们记住第一个或最后一个意见。总的来说，当事情变得复杂时，不管我们是否意识到，我们都会过于简单化。

简单化并不是一件坏事，只要问题的本质特征能得到解决——但我们不能走得太远。我们的简单化应该只到这样的程度：我们对问题的框架制定或提出的解决方案保持足够牢固，能捕捉到决策情境的关键因素。任何更进一步的简单化都会引导我们与错误的问题纠缠。

如何处理复杂性产生的错误论证偏见

我们如何才能在不过于简单化的情况下解决复杂性。第二部分描述的决策工具可以帮助我们。战略表、关联图、净现值分析、龙卷风图等都可以将那些复杂却重要的决策元素以我们大脑可以通过论证解决的方式构造出来。例如，净现值分析可以将每个选项现金流——有些早点收，有些晚点收——的复杂图形简化为单个数字，从而可以进行比较。龙卷风图可以将令人望而却步的定量数据大山转换为可以理解的关于关键因素可能会如何影响决策结果的视觉展示。对更倾向于视觉导向型而非定量导向型的人来说（我们大多数人都是这样），龙卷风图是打败决策陷阱的强大工具。

当面对复杂决策情境时，很重要的一点就是利用系统2和系统3工具，花费足够长的时间斟酌目前情况，以找出真正重要的东西。在一些情况下，需要寻求决策分析方面的专家协助。可能还需要使用一次性系统关注决策几个方面的决策过程（之后几章会介绍两种这种过程）。最后，我们的目标是简化复杂决策而不失问题的真正本质。

关于不确定性的错误论证

不确定性——一直是重大困难决策中的一个元素——会使大脑的论证能力出现混乱。当必须在不确定情况中论证时，即使是经过高度训练的专业人士也会犯错。

例如，在戴维·埃迪的一项经典研究中[7]，4/5的医生对乳房X光检查结果有问题的患者患乳腺癌的可能性的判断出现了严重失误。为这些医生设定的情况是，所有肿瘤为恶性的概率是1%。并且他们被告知，在这种情况下，乳房X光检查可以准确地区分出80%的恶性肿瘤和90%的良性肿瘤。有了这些参数后，他们被要求判断，当乳房X光检查表示肿瘤为恶性时，肿瘤真正为恶性的可能性。回答这个问题的共125位医生，有95位（80%的医生）说肿瘤为恶性的概率是75%。而真正的答案只有7.5% [8]。所以，这项研究中，绝大多数医生的判断高出了9倍！

文献中全是类似这样的例子。当然，并不是所有医生都被这种对不确定性的混乱偏见所影响。当我们询问药物专家新复方药成功通过每项注册审批的概率有多大，或者询问市场专家依靠新技术的新产品在新市场上的预计销量时，都会遇到类似的问题。无论是否具有专业知识，人们通常无法充分思考不确定事件及其结果。

> **如何处理不确定性产生的错误论证偏见**
>
> 我们知道，在重大决策中，不确定性是一个不可避免的因素——并且我们知道自己无法对其进行充分论证。但是，这些决策仍然要做，而且要高质量地做。迈向高质量的第一步就是认识到我们不能相信自己关于不确定性的直觉。系统3的正式工具是必需的：决策树、信息搜集、概率评估等。在一些情况下，请教具备概率建模技巧的专家是很重要的。

当面对复杂性或不确定性时，系统3是实现优质决策的关键。经过系统2足够的刻意练习，寻求能帮助论证的工具和过程可以成为系统1中的新习惯。

自动关联和相对思考

自动关联

- 回忆的便易性
- 易得性效应
- 具象性
- 叙事谬误
- 光环效应
- 锚固效应

相对思考

- 框架效应
- 参照点效应
- 情境效应

判断通常是根据“所见即一切”的原则，通过与能够轻松得到且基本自动的东西相比较、连接或关联得出的。这样可能会因我们无意识地自动关联及不当的相对思考形成偏见。自动关联和相对思考的影响经常是一起出现的。

在一个自动关联的例子中，我们用自己的能力将事件牢记或想象为其重要性或可能性的指标。因此，如果一个未来事件很容易想象，我们就认为它更有可能。这就是“回忆的便易性”偏见。如果我们最近听说过什么事情，我们就认为它比我们之前听到的事情更重要；这就是“易得性偏见”。最近的事件与过去发生的类似事件相比，更能影响我们的判断；最近的是第一时间想到的，而过去的则是模糊的记忆。

与此相关的就是“具象性偏见”。我们的印象或回忆越生动，就越有可能被它们影响。日本福岛核电站泄漏的灾难发生后，人们每天都被这一重大事件的新闻报道和视频轰炸。这些生动的印象会影响人们未来几年的记忆及对核能源的判断，即使生产每千瓦时核能源造成的灾难已经比其他任何电能生产方式少得多。在另一个具象性偏见的典型实例中，我们发现，我们深受那些不幸的个人故事影响，却对大量人口受难的事实麻木不仁[9]。

另一个重要的偏见就是“叙事谬误”。如果我们能在脑海中编造一个关于某件事的好故事，那么我们就会开始相信这是真的。在一种常见的叙述中，被二次提醒仍然未能将自己房间打扫干净的少年肯定会故意表现出没礼貌。在另一个例子中，没有回复重要项目邮件的办公室同事肯定会千方百计地阻挠项目成功。这些故事可能很有吸引力，但这并不表示它们是真的。其他解读也是可能的。但是，一旦我们编织好一个故事，我们就会轻易地相信它，即使这个故事只是基于非常有限的信息。正如阿诺德·格拉斯哥所说的："事实越少，观点越强。"

类似这些相关性偏见也可能极大地扭曲我们的判断。当然，在市场、新闻媒体和政治领域，它们被专业人士广泛使用，影响并操纵我们的判断。营销商用不断重复的生动的电视广告形成其产品的易得性偏见。政客用吸引人的故事影响选民，即使这些故事背后隐藏的信息很值得怀疑。新闻媒体和政客的另一个最爱是"光环效应"。站在一个有钱有势的人旁边，政客看起来可能会更高大。类似地，当销量和利润提高时，组织领导者可能会看起来野心勃勃，即使他们的成功很大程度上是因为偶然的市场波动。

"锚固效应"是可能降低决策质量的自动关联的另一种形式。锚是一个人抛出来其他人抓住不放的一个数字。当正确数字可能是哪个不确定的时，锚就非常强大。它们是参照点，即使是在它们根本不相关时。例如，当房主列出房屋的售价为45万美元时，她就给预期购买者抛出了一个锚。这个数字可能是经过认真分析市场得出的结果，也可能只是售房者一拍脑袋想出来的，因此是不相关的。但是，对抓住这个锚的人来说，45万美元将会成为谈判所围绕的点。"哦，"购房者可能会说，"这个价格好像有点高啊，42.5万行吗？"

尤其对估计不确定因素未来结果范围，如工厂来年运营成本的专家来说，锚可能是个大问题。如果该专家从查找去年的总成本开始，那这个数字会让他很难再思考其他事情。结果很可能是一个过于狭窄的范围，高低价值过于锚固在原始数值附近。想避开范围过窄危险的专家可能从反推高值或低值可能如何发生开始，形成重点突出的脉络，然后补充列出每个值的理由。这用到了叙事谬误来影响新的参照点，脱离了中央锚。

* * *

锚固效应是由自动关联引起的，同时也与相对思考的问题有关。一旦房主制定了45万美元的锚，随后的讨论都是相对于这个数值进行的。其他类似偏见甚至更加基于相对思考。在这些偏见中，不管是有意识的还是无意识的，判断都受对比影响。这些偏见中最常见的一种就是框架效应。问题的呈现方式对于我们在大脑中如何框定这个问题会有很大影响。当阿尔法的产品经理问“我们最快可以在多长时间内让阿尔法产品上市？”时，我们可能不会考虑应该优先处理阿尔法或者这个产品是否会带来最大价值。人们倾向于接受别人扔过来的框架，在这个例子中，这个框架暗示应该继续生产阿尔法，即使贝塔或伽马产品可能更有价值。仔细考虑决策框架是非常重要的，而不是无意识地接受扔到你面前的第一框架。

去趟百货商店会突显出相对思考的其他偏见，如参照点效应。鲜黄色的牌子宣传一卷卫生纸与原价相比可以省0.2美元，这看起来似乎很划算，即使上面列出的2美元是个没有多大意义的参照点。情境效应也很重要：当整个架子上都是全价商品，只有一个促销商品时，那个黄色的促销牌子看起来似乎更加有吸引力了。

如何处理自动关联或相对思考产生的偏见

诸如此类的偏见的影响通常是无意识的，可能导致糟糕的决策。我们能做些什么呢？意识到这些偏见后，我们可以利用系统2思考方式注意锚、易得性影响、框架效应及其他思维陷阱。我们可以通过形成质疑声明及当这些声明不是好的参照点时及时抛弃的思维习惯来训练系统1。当然，我们也可以通过寻找工具、过程、数据和专家意见来练习系统3。

更多地了解这些偏见可以引导我们探究建立在信息判断之上是否让整个决策过程不可信。正常人可能会问："我真的相信人们——甚至是我自己的判断吗？"这种担忧是非常应该的。偏见可能会削弱优质决策。但是，注意识别并避开它们，我们就站在了可以做出高质量决策的位置。例如，这已经被那些利用龙卷风图等工具识别大多数相关信息，并认真执行设计好的步骤以可靠地搜集这些信息的决策者无数次地证明[10]。

社会影响

社会影响

- 一致性
- 暗示感受性
- 瀑布
- 团体迷思

人是社交动物。从摇篮到坟墓，我们在群体的信仰和行为中被社会化，这也就解释了为什么在某个特定社会环境中长大、生活的人一般会有相似的着装风格、在一天中差不多相同的时间用餐、有共同的是非观等。

我们的社交天性保证了社会稳定和团结。但是，这种天性也有一些负面特征，这是每个决策者都必须明白且抵制的。第一个就是“一致性”。虽然各种组织经常吹捧个性化和创新思维的好处，但与群体意见相冲突的想法并不总是那么受欢迎。相反意见可能会被嘲笑或驳回，而持相反意见的人可能会受到他人的排斥或敌意。即使是在我们相信自己正确时，表达与群体相左的观点仍然会让我们觉得很不舒服——不管是在工作上还是与朋友或熟人一起时。例如，伟大的查尔斯·达尔文想到会让他许多虔诚的朋友（还有他妻子）不高兴就觉得很痛苦，因而推迟了许多年才公布他关于进化的开创性成果。人类对一致性和认可的渴望非常强烈。

很多情况下，同伴压力会无意识且微妙地促使我们进行相似的思考。类似这样的社交具有将不同观点转化为相同意见的力量。社会心理学家的试验已经表明个体如何改变自己的观点以与群体保持一致，而且，通过“暗示感受性”效应，他们会接受并按照其他人的暗示行动。有时，一致性和暗示感受性效应可能会在群体中引发某种多米诺效应，形成“瀑布”效应。例如，一旦知道另外两个人会投票反对某个提议，群体内的第三个人可能会忽略引导她强烈支持该提议的信息。她可能会认为其他人投反对票肯定有充分的理由。而实际上，之前的两个人可能搜集到的信息非常有限，导致他们做出了非常武断的决定。或许如果群体中的第三个人能分享她的信息，她可能也能影响他们的投票。但是在瀑布效应中，一致性和暗示感受性是不会让这种情况发生的。另一种偏见，“团体迷思”，经常用于描述群体中不鼓励不同观点的整体倾向。在表现出自我强化的凝聚力和观点高度一致的小组中，团体迷思可能产生非常危险的自负情绪。这些小组成员相信自己是正确的，对相反观点视而不见，听而不闻。包含相反证据的信息是不受欢迎的。团体迷思及其他消极社会压力的影响是优质决策路上真正的灾难。

如何处理社会影响产生的偏见

要克服团体迷思、一致性及其他社会压力带来的消极影响，需要系统2的积极领导过程。有了正确的方法和领导，群体能做出更明智的决策[11]。领导者应该建立起系统1的习惯，牢记冲突和不同观点是决策循环的燃料；应该鼓励群体成员说出不同观点。

实际上，通过利用系统3，应该有意识地构建决策小组，囊括有不同技能、性格和观点的人。

如果过早达成一致，娴熟的决策者还会坚持争论。正如将通用汽车打造成为20世纪最成功企业之一的著名CEO艾尔弗雷德·斯隆所说："如果我们对某个决策的意见完全一致，那我建议将关于这个话题的进一步讨论推迟到下次会议，以给大家时间找出一些不同观点，或者加深对决策内涵的理解。"

小结

许多偏见都可能影响人类行为。如果我们将精力集中在决策中最重要的因素上，并将偏见根据来源分类，就可以更轻松地在思考时避开这些偏见。图10.3列出了每一类中最重要的偏见，这些偏见在之前的章节中已经讨论过。我们必须使用系统1、2和3来避开这些偏见的消极影响。

一次带有一种偏见，这些偏见可能会严重影响我们的决策质量。通过更多地学习这些偏见，我们可以识别出作为个人，哪些偏见对我们来说是最相关的，从而在日常生活中对这些偏见加强注意，并努力将其影响降到最低。

多种偏见一起作用时会产生更大影响，即"重大偏见"，影响个人

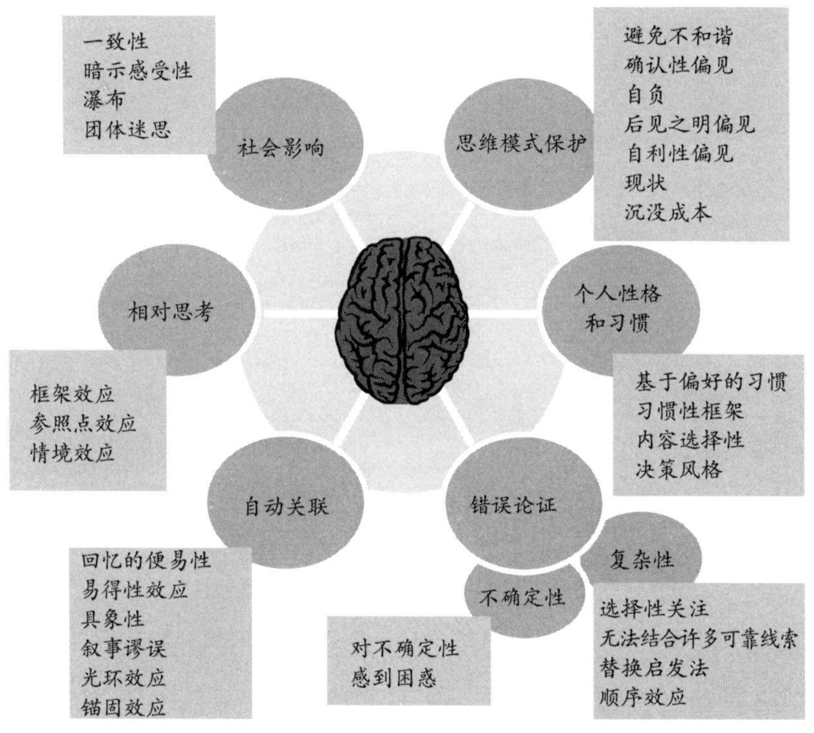

图10.3　偏见总结

决策过程及企业文化。下一章将介绍危害性最大的重大偏见，提供系统3额外工具的动机及之后几章中将详细探讨的方法。

注释

1. Daniel Kahneman，*Thinking，Fast and Slow*（New York：

Farrar，Straus，& Giroux，2011），201.

2. 除本文提供的参考资料外，读者还可以参阅：Dan Ariely，*Predictably Irrational：The Hidden Forces that Shape Our Decisions*（HarperCollins Publishers，2008）；Robert A. Burton，*On Being Certain：Believing You Are Right Even When You're Not*（New York：St. Martin's Press，2008）；Michael J. Mauboussin，*Think Twice：Harnessing the Power of Counterintuition*（Harvard Business Press，2009）；Richard H. Thaler and Cass R. Sunstein，*Nudge：Improving Decisions about Health，Wealth，and Happiness，rev. and exp. ed.*（Penguin Books，2009）；以及Phil Rosenzweig，*The Halo Effect：...and the Eight Other Business Delusions That Deceive Managers*（New York：Free Press，2007）。

3. 该决策中的偏见结构是与芭芭拉·米勒斯博士共同绘制的。米勒斯博士是宾夕法尼亚大学乔治·海曼大学教授，同时也是沃顿商学院营销学教授、文理学院心理学教授。这一结构是三人小组——米勒斯博士及合著者珍妮弗和卡尔——为"决策中的偏见"课程创建的，该课程是斯坦福大学"战略决策和风险管理"证书课程的一部分。米勒斯博士已经联合教授该课程多年。

4. Kahneman，*Thinking，Fast and Slow*.

5. Keith Stanovich，*Rationality and the Reflective Mind*（New York：Oxford，2011）.

6. 有许多资源可以帮助理解MBTI。本讨论的目的仅在于说明性格偏好在扭曲决策中的作用，并重点介绍可以如何避开这些扭曲。

7. David M. Eddy，“Probabilistic Reasoning in Clinical Medicine: Problems and Opportunities，” in *Judgment under Uncertainty: Heuristics and Biases*，ed. Daniel Kahneman，Paul Slovic，and Amos Tversky（Cambridge，UK：Cambridge University Press，1982）.

8. 由于任何肿瘤为恶性的概率是1%，也就是说，1000个肿瘤中有10个是恶性。而80%的恶性肿瘤可以正确分类，所以1000个肿瘤中将会有8例会划分为恶性肿瘤。但是，由于有990例是良性肿瘤，并且其中的10%会被“错误”划分，因此，将有99个两性肿瘤被划分为恶性肿瘤。因此，在1000个病例中，将有总共107个结果显示为恶性，但其中只有8个是真正的恶性肿瘤。因此，在被划分为恶性肿瘤后，肿瘤真正为恶性的概率是8/107，即7.5%。

9. 参见Scott Slovic and Paul Slovic，*Numbers and Nerves: Information，Emotion，and Meaning in a World of Data*（Corvallis，OR：Oregon State University Press，2015）。

10. 关于决策专业人士使用的多种重要工具的总结，参见Peter McNamee and John Celona，*Decision Analysis for the Professional*，4th ed.（SmartOrg，2008）。

11. 例如，参见 Cass R. Sunstein and Reid Hastie，*Wiser: Getting Beyond Groupthink to Make Groups Smarter*（Boston：Harvard Business Review Press，2015）。

11

降低优质决策的重大偏见

人们更愿意相信自己愿意相信的。

——弗朗西斯·培根

第10章总结了塑造我们判断、影响我们决策的偏见和陷阱。文中采用传统行为科学的角度，主要是“描述性”的——也就是关于人类“自然”做法的研究。该领域的研究在过去50年中逐渐扩大，为决策领域做出了巨大贡献。我们已经了解了许多关于人们会自然陷入的决策陷阱的知识。

在行为心理学家记录个人行为模式的同时，其他人一直在研究组织行为。从赫伯特·西蒙、吉姆·马奇、理查德·西尔特开始，研究已经形成了公司理论，以及组织内部如何决策的其他模型。但这些研究的重点仍然主要是描述性的，特点是自然发生的事。这些行为科学综合起来，形成了大量关于自由发展时人类行为的知识，包括个人的和群体的。

当行为科学家给出规范性的建议时——也就是当他们告诉我们应该怎么做，而不是如何自然地做时——他们说的主要是如何认识并避免人类偏见产生的决策陷阱。这一点非常难得，但还不足以实现优质决策。没有人是不需要知道路上哪里有坎坷就可以到达自己的终点的。旅行者需要明白自己要到达的终点是哪里。在决策中，终点就是优质决策。

优质决策和重大偏见

与大多数描述性行为研究不同，决策专业人士更倾向于规范性，注重应该怎样做才能最大限度地得到自己真正想要的。他们将优质决策作为规范性框架，用于改善个人和组织决策。

在组织中工作时，决策专业人士会遇到一些因多种个人偏见共同作用，导致功能失调决策的重大偏见。相比上一章中讲到的个人偏见，这些重大偏见对良好组织决策来说甚至是更大的威胁。通过总结作者及其同事的经验，本章涵盖了五种主要重大偏见：

1. 狭隘框架
2. 优质决策错觉
3. 一致性陷阱
4. 舒适地带重大偏见
5. 主张/审批迷思

本章还讨论了避免每种重大偏见的方法。这些方法主要是依靠第10

章中介绍的三大系统：系统1——我们的快速并行处理大脑，可以自动做出判断；系统2——审慎、有意识的思考过程，帮助我们理性地论证问题；系统3——寻求可以帮助我们处理复杂决策的工具、数据、专家和系统化程序的过程。重大偏见的许多规范与之前描述的解决个人偏见的方法类似。本章最后总结了各种可以帮助避免重大偏见的行动。

重大偏见1：狭隘框架

人类大脑并不善于处理高度复杂性；而是利用思维框架将其简单化，从而理解这个世界。框架引导我们的思考，但同时也是一把双刃剑。一方面，它使复杂的现实更容易理解；但另一方面，问题或机遇的框架成为众所周知的限制我们思考的盒子。虽然我们很需要这个盒子，但如果我们不小心，待在盒子里会让我们陷入麻烦。

框架制定失败是导致决策质量低最常见的原因之一。这在经验上和学术研究上都已经得到证实。俄亥俄州立大学管理科学及公共政策和管理前教授保罗·纳特曾做过大量关于决策失败的研究[1]。纳特的一份报告表明，没有制定好框架——或者压根没有制定框架——是决策失败最常见的原因。印证这一观点的另一个人是雪佛龙前CEO戴维·奥赖利。在戴维·奥赖利担任CEO期间，他“扳动开关”，要求雪佛龙的所有重大资本决策都按照优质决策原则执行。当问到他认为在雪佛龙内部采用优质决策最大的价值创造来源是什么时，他指出制定框架贡献了超过一半的价值。

在《决策陷阱》[2]一书中，J.爱德华·鲁索和保罗·休梅克尔确认了与制定框架具体相关的三个陷阱。第一是没有认真思考就一头扎进去寻找问题的解决方案。当前的框架是被无意识地作为给定框架，这就是所谓的“框架盲目性陷阱”。另一个陷阱，“缺乏框架控制”，是当框架严重受个人观点影响，没有有意识地考虑他人观点时产生的。被这些框架陷阱限制的决策太多太多。只有在大家遇到麻烦，浪费了许多时间后，重新制定框架的需求才变得明显。

决策专业人士的经验印证了这样一个结论：没有制定好框架是决策失败最常见，也是价值损失最严重的原因。依据SDG的经验，最麻烦的框架陷阱是狭隘框架重大偏见——将决策框架限定得过窄的倾向[3]。行动偏见促使我们一头扎进去，结果就是（不管是有意识还是无意识地）选择了一个过于狭隘的框架。我们迫切想要迅速行动，因而做出一些没有根据的假设，并且把它们当成真的。我们戴着被自己最舒服的行为和可以迅速完成的事情影响的有色眼镜观察情况。我们寻找证据来支持我们的假设和我们狭隘、不足的框架。之后，参与者们就一个似乎足够好的框架达成一致。于是，我们就开始着手解决错误的问题。

如果我们解决的不是正确的问题，那显然不可能实现优质决策，或者最大限度地得到我们想要的。

避免狭隘框架重大偏见

合理制定框架会带来大量好处。通过合理制定框架，我们可以从一开始就解决正确的问题或机遇，这样就节约了后面再重新制定框架的时间。获得这些好处最可靠的方式就是形成有意识且审慎限定任何重要决策框架的个人或组织习惯。不论何时出现决策，我们的系统1都应该问："最适合这种情况的决策框架是什么？"说起来容易做起来难。因为我们大多数人的第一冲动是不花时间制定框架就去解决问题，或者接受其他人建议的框架。像系统1中的所有好习惯一样，合理制定框架可以通过系统2的训练和重复活动培养。而且这是一个值得培养的习惯，因为有意识地关注框架是优质决策的关键要素。

优质决策的过程和工具在避免狭隘框架重大偏见上特别有效。当面对战略决策时，结构合理的框架工作室可以帮助团队生成几种不同的框架，讨论它们的优点，并选出最合适的。娴熟的工作室引导者可以帮助参与者避开群体行为，生成更有创造性的思维。引导者可以通过与利益相关者交谈、分享不同观点来鼓励人们说出更多不同观点，让具备不同技能或挑战普遍设想的人正当地参与到任务中。框架明确后，本书之前描述的决策层次是检验框架、检测框架质量、确保框架不会过于狭隘的有效工具。

重要但没那么复杂的决策可能不需要正式成立框架制定工作室，但这些决策也同样可以从审慎思考和使用决策层次工具中获益。

第3章列出了重要决策和战略决策实现优质决策的决策过程：优质决策考核循环和对话决策过程。这些过程将在第12章和13章中更详细地描述，它们是为减少常见的重大偏见专门设计的。这些过程都是从有意识地关注框架制定开始。利用这些过程是避免狭隘框架的系统3的强大行为。

重大偏见2：优质决策错觉

决策教育基金会（DEF）是向青年人及其教育工作者传授决策技巧的非营利组织。DEF的培训项目从仿真模拟开始。参与者先看一段短视频，视频中会提供一种决策情境。之后，以5~6人为一组，要求参与者决定如何去做。一旦这些决策做出并被记录，参与者就要在0~100%的范围内为自己的决策质量打分。无一例外地，大部分参与者对自己决策的打分在70%~90%，平均分为80%。显然，他们对于自己的决策以及自己做出决策的方式自我感觉良好。

随后，DEF的导师介绍优质决策及其六大要素：合适的框架、创造性的选项等。之后，要求参与者按照这些要素中的每一项分别为自己的决策打分，如果不值得继续投入更多时间与精力继续改进决策，则评分为100%。屡试不爽的是，大部分参与者在一个或多个要素上的得分要低得多，最低的通常在25%左右。由于决策的整体质量取决于最薄弱的环节，因此，决策的质量为25%。那么，起初认为的决策质量（80%）与真正的决策质量（25%）之间的差距，在这个例子中是55%，就证明了存在优质决策错觉重大偏见，这种重大偏见导致我们认为自己的决策质量比实际高得多。

优质决策错觉重大偏见并不只是年轻人才有；在那些做出涉及数百万美元、具有重大影响决策的高管中也非常常见。企业领导尤其容易有这种错觉。很多人都认为自己之所以被推上领导位置正是因为自己天生的决策能力。实际上，他们跟我们其他人一样，天生可以做出“足够好”的决策，而不是优质决策。之后，我们就会寻找一些确认性证据，发表后见之明，利用其他自利性偏见让自己对自己的选择感觉良好，形成优质决策错觉。

避免优质决策错觉重大偏见

我们大多数人，包括企业高管，都在不知不觉中丢掉了许多价值。我们过高估计自己的决策质量，甚至对自己无意间丢失的价值毫不留恋。意识到我们本能决策的缺点是克服优质决策错觉的第一步。简单的练习，如DEF所采用的，可以突出我们的想法与现实之间的差距，让我们在意识到认为自己已经自然地做出好的决策的想法是个错觉时，发出“啊哈”的惊叹。

防止优质决策错觉重大偏见的另一个方法在我们的系统2中安装优质决策支持系统——优质决策六大要素及100%的定义。之后，我们需要建立系统1在做出重要或战略决策前检查优质决策的习惯。我们也可以用系统3获得优质决策滑动标尺、优质决策考核循环（用于重要决策）以及对话决策过程（用于战略决策）等工具。一旦克服了优质决策错觉，我们会发现不论何时必须做出重大选择时，我们都在利用这些工具和过程。

破除这种错觉的一种有效方式是在重大、复杂问题中应用优质决策框架。随着这些要素被满足，优质决策的价值也越来越明显。与没有达到优质决策的情况相比，达到优质决策常常会使决策的潜在价值翻倍。一旦这种情况发生，决策者就会明白，而且从此之后再也不想用其他方法做决策了。如前所述，许多高管都告诉作者：“我真希望自己在工作中能早点学会这个。”

重大偏见3：一致性陷阱

许多情况都证明，在正确的情境下，群体可以比个人做出更好的判断。按理说，三个臭皮匠赛过诸葛亮，但群体的判断并不总是好的。群体行为动态可能导致一致性、团体迷思及放大优质决策错觉。这就形成了被称为“一致性陷阱”的另一重大偏见，在这种偏见中，我们将“一致性”和“好”的决策混为一谈。一致性鼓励大家说：“这一定是个好的选择——我们都同意。”但是，“一致”跟优质决策的要素几乎没什么关系。如之前描述的个人情况一样，当群体按照优质决策要素评估自己的决策时，往往发现大家一致同意的决策与优质决策之间还有很大差距。例如，项目小组可能没有足够的相关或可靠信息——或者可能没有人想过检验一下群体的假设。

当需要付诸行动时，一致性是件好事——它可以提供一致的目标——但在决策过程中，不是优质决策的一致性会降低决策质量。我们都见识过在完全胡说八道的事情上达成高度一致。我们真正想要的是在满足优质决策六大要素的优质决策上达成一致。

> **避免一致性陷阱重大偏见**
>
> 避免这一重大偏见的第一道防线是意识到“一致”并不等于

优质决策。优质决策是用六大要素来衡量的。将这些决策安装为系统2决策支持系统，在决策之前有意识地使用它们，这样可以抵消将一致性与优质决策混淆的社会心理。

在决策做出之前，冲突是燃料；在决策做出之后，一致性是有效执行所必需的。我们需要避免过早达成一致，为冲突观点提供一个安全的平台。卡斯·桑斯坦和雷德·黑斯蒂在《打破团体迷思：让团队更智慧》（*Wiser：Getting Beyond Groupthink to Make Groups Smarter*）一书中提供了许多防止过早达成一致的建议和工具[4]。这种预防也涉及在以优质决策为基础的决策过程中（优质决策考核循环和对话决策过程），促进最后达成一致前的对话和检验。

重大偏见4：舒适地带重大偏见

如前章所述，基于偏好的习惯可能形成“所见即一切”的观点，认为我们有的就是解决该情境所需要的一切。这种危险想法与其他偏见，如自利性偏见、决策风格偏见及确认性偏见结合到一起就更加危险。结果就会导致舒适地带重大偏见：将问题拖入我们的舒适地带，解决我们知道该如何解决的问题，而不是真正需要解决的问题的倾向。

舒适地带重大偏见融合了许多个人偏见，并且非常常见。这成为决策者面临的最重要的挑战之一：我们做自己知道怎么做的，而不是决策需要做的。想象一下如果一群教育背景和经验都很相似的市场营销专业人员凑到一起研究决策会怎样吧！考虑到他们共同的背景和偏好习惯，他们会迅速进入团体迷思并达成一致，说服自己他们的营销技巧正是这个决策所需要的。他们会搜集确认性证据，丢弃任何相矛盾的信息，以避免不和谐。之后，他们会用一种似乎完全正确的方式为别人限定问题框架。他们还会运用自己的营销技巧，利用易得性偏见和锚固效应来影响其他同事的思考。这种堆积会使舒适地带重大偏见转化为重大问题——以及糟糕的决策。

避免舒适地带重大偏见

避免舒适地带重大偏见的关键在于利用系统2和系统3，从问题级别、组织复杂性、分析复杂性、内容挑战及可能的决策陷阱等方面来理解问题的真正本质，如第3章中所述。找到最大价值的最佳方法就是从这一诊断中来的。下一步就是形成真正适合决策的框架。如果决策所需的工具和技能超出了我们的舒适地带，我们应该向外界寻求帮助。

避免这种重大偏见的一种方式就是问问自己，一个技能组合或经验基础完全不同的人会怎么看待这种情况。这就是系统2寻找非确认性证据，摆脱习惯做法的练习。相比思考其他人会怎么看待这个问题，更好的方式是直接问他们。

在战略决策中，严谨的分析在确认重要因素时特别有帮助。聪明的决策专业人士会利用重复。他们从简单的决策模型和快速且容易确定的分析开始。之后，他们检验不同假设的敏感度，改进重要的方面，然后再次重复。在这种方法中，分析会促使我们将注意力集中在问题的重要方面而不是熟悉的方面。

想象一下围绕一个新系列电脑打印机发布的战略决策。产品经理会自然而然地认为最重要的因素是与打印机创造的收入相关的因素，包括其市场渗透及产品销量下降前的销售高峰。这种舒适的出发点会促使经理将注意力集中在熟悉的领域：限定打印机客户群体、判断打印机特征与用户期望是否匹配、估算渗透以及计划打印机年销售量。但是，一个简单的决策模型就可能揭露：决策的最大价值将来源于耗材的持续销售，如墨盒，这些耗材在最初的打印机售出后多年仍然需要购买。这一事实会导致经理更加重视耗材决策，搜集更多关于耗材市场的信息，并在决策模型中纳入更多这方面的细节。随着探讨继续，如第8章所示的龙卷风图将帮助确认最强大的价值动因。从这些建模和分析中得出的见解会帮助产品经理将注意力集中在重要因素上，并避免舒适地带重大偏见。

在重要决策中，可能不一定需要详细的决策模型，但仍然可以利用重复概念避免舒适地带重大偏见。举个例子，想象一下一名退休且现在体重超标的运动员要在两种解决髋关节剧痛的方法中选择一种。一个选项是动手术，另一个选项需要大量物理治疗（PT）并改变生活方式。这名运动员在职业生涯中曾经多次受伤，他可能更熟悉物理治疗，并且可能强烈倾向于这个选项。但在匆忙做决定之前，他应该检查一下自己是否正成为舒适地带重大偏见的受害者。他不应该寻找确认自己目前想法的证据，而是应该考虑自己是否已经在优质决策的每个要素上都达到了优质。如果不是，那他就应该从最薄弱的环节开始并加以改进。他可能需要花更多时间思考，与他人交流，理清问题框架，更深入地了解选项，并思考自己看重什么。他可能还需要搜集更多信息。物理治疗和改变生活方式解决疼痛的可能性有多大？他真的能坚持新的生活方式方案吗？手术可以彻底解决问题吗？还是说他过去的旧伤会影响成功率？手术的风险可以接受吗？还有其他选项吗？随着了解得越来越多，这位高龄运动员可以继续检查与优质的差距，根据需要弥补这些差距，直到他准备好做出选择。第3章介绍了重复各个要素的这一过程，将其称之为“优质决策考核循环”。在第13章中我们还会讲到。战略决策更正式的过程，对话决策过程，将在第12章进行探讨。这两个过程作为系统3的一部分加以应用，都是为了帮助避免舒适地带重大偏见而设计的。

重大偏见5：主张/审批迷思

大多数公司都采用主张/审批决策过程：一个决策问题被指派给某个人或小组，之后，他们就负责寻找最佳解决方案，主张决策者审批机构接受这一方案，而决策者审批机构要么接受该推荐项，要么否决。这个过程会导致两个问题。第一个是主张迷思，这种情况下，有效主张被误解为证明所推荐决策优质的证据。

因为被决策者否决被认为是失败，主张者会竭尽全力维护自己的提议。主张者的目的是向审批机构推销推荐项的优点。考虑到这种动机，主张者在选择数据、选项及评估支持自己提案的结果时带着巨大偏见也就毫不意外了。主张者不太可能提供与自己的推荐项相比显著不同、有创造性的竞争性选项——这就像是为质询者提供了额外弹药。他们也不可能在提议的解决方案中提供不确定的中立特征。归根结底，他们的工作是用有效的主张说服审批机构。

主张迷思的必然结果就是审批迷思，也就是认为任何经过审批机构密集质询的提议方案肯定是高质量的。

当主张者提出推荐项时，审批机构的决策者将询问尖锐的问题、要求得到可靠且自信的答案视为自己的责任。主张者则竭尽全力为所有问题提供令人信服的答案。如果他们成功，审批机构就必须批准通过。如果失败，那推荐项就被否决，主张者需要从头再来。但即使推荐项被接受了，质询对于提高决策质量也没有任何帮助。质量要么已经存在于推荐项中，要么没有。决策者只能对单个推荐项说“行”或“不行”，他们放弃了自己保证决策质量的权利和责任。

将这两个部分合到一起就是主张/审批迷思，这是一种非常可怕的重大偏见——一种认为可以依靠强大主张和密集质问实现优质决策的错误信念。除非质问是专门针对优质决策要素的，否则他们连推荐项的质量都无法了解。如果选项很糟糕、信息不可靠或论证不充分，再多的主张或质问也无法改善决策。质量必须全面融入决策中，不可能到最后再检查。

在一些公司中，主张/审批过程已经经过高度演化。主张者磨炼说服技巧，审批机构变得越来越擅长用深刻问题挖掘细节。那么多公司都认为这种有缺陷的过程能做出好的决策，这真是令人惊讶。但其实不然。相反地，这会导致决策过程钻入个人之间的竞争中，抑制选项发展并促使主张者利用任何可以让对手支持自己的信息。这样会增加对锚固效应、叙事谬误效应和误导性框架效应的操纵利用。还会促使将不确定性过于简单化及扭曲，以尽可能形成最具竞争性的提案。

避免主张/审批迷思

任何有责任在重大决策中实现优质决策的人都不应该满足于主张/审批的方法。主张/审批迷思最强大的解药就是从主张者和审批者之间的内部竞争转移到选项之间的比较上。应该竞争的是选项——而不是人。这样，通过摒除抑制选项的动机及选择性地只使用支持主张者推荐项的信息而彻底改变整个过程。相反地，这种改变可以激发关于选项的真诚探讨，并鼓励对内在不确定性及各个竞争选项价值动因的充分理解。这种改变是对话决策过程的核心，这一过程将在下一章中介绍。

避免重大偏见的一般准则

这里讨论的五种重大偏见对那些努力改善自己决策的公司来说是严重阻碍。重大偏见会破坏优质决策，因此，避免这些重大偏见是值得的。第一道防线就是注意且认识到它们的破坏潜力。当然，具体下一步该怎么做取决于决策环境和需要避开的重大偏见。一般来说，一旦做出防止重大偏见的有意识决策，就会使用系统1、2和3改变思维习惯、安装决策支持系统并寻求数据、专家、工具和过程——尤其是决策过程的帮助。后续章节描述了专门针对在通往优质决策终点的过程中如何避免偏见和重大偏见的决策过程。

注释

1. Paul Nutt，*Why Decisions Fail: Avoiding the Blunders and Traps*

that Lead to Debacles（San Francisco：Berrett-Koehler Publishers，Inc.，2002）.

2. J. Edward Russo and Paul J. H. Schoemaker，*Decision Traps：The Ten Barriers to Brilliant Decision-Making and How to Overcome Them*（New York：Fireside by Simon & Schuster，1990）.

3. 这些重大偏见在奇普·希思和丹·希思的书中还被视为四大“罪魁祸首”之一。参见 Chip Heath and Dan Heath，*Decisive：How to Make Better Choices in Life and Work*（New York：Crown Business，2013）。

4. Cass R. Sunstein and Reid Hastie，*Wiser：Getting Beyond Groupthink to Make Groups Smarter*（Boston：Harvard Business Review Press，2015）.

12

在战略决策中实现优质决策

做，并不费劲，但决定做什么却很费劲。

——埃尔伯特·哈伯德

战略决策确实非常重要；它们是决定我们事业和人生方向的决策。在大多数情况下，这些决策都有深远影响，因而也涉及大量不确定性。战略决策几乎总是涉及重要资源的不可逆转利用。而且可能牵扯到信仰和利益各不相同的利益相关者，使价值和权衡变得复杂。这些复杂决策值得我们再三斟酌。

当做出这些决策时，避免上一章中提到的重大偏见尤其重要。战略决策的框架不应该太狭隘或被拽入我们的舒适地带，在舒适地带中，我们总想去做我们知道如何做，而不是需要做的事。在制定此类决策时，应该拒绝使用主张/审批的方式。所有参与者应该在学习框架内操作，坚持优质决策要素的明确审查，而不是被优质决策的错觉欺骗。此外，参与者之间的一致意见不应与优质决策混淆。对话决策过程就是为了避免这些重大偏见、满足优质决策要素而设计的。

对话决策过程

对话决策过程（图12.1）示出其可以有效且高效地实现优质决策。由SDG开发的对话决策过程旨在引导决策者通过与项目小组的对话实现优质决策，在整个过程中瞄准最高价值，并努力实现最高价值。

决策委员会：组成和责任

对话决策过程涉及两方：决策委员会和项目小组。决策委员会的活动是图12.1上面一排，包括负责做出满足优质决策要素的决策的一个或多个人。

不管是一个人还是一群人，决策委员会必须有权敲定决策并为决策

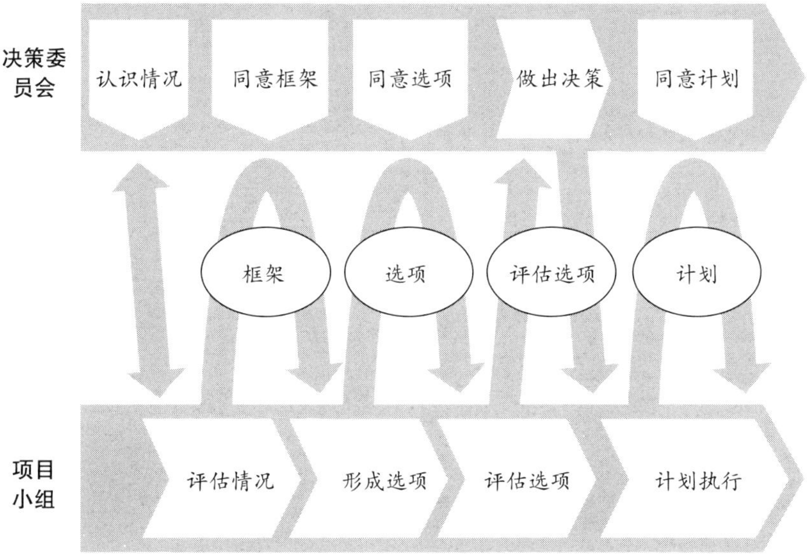

图12.1 对话决策过程

的成功执行分配足够资源。在对话决策过程中，决策委员会成员的时间和参与主要集中在实现优质决策必需的最小数量的关键互动上。

这个群体有几个不同的名字，包括决策审查委员会和督导委员会，但是，该群体并不只是审查决策或督导决策方向。本书中用“决策委员会”一词强调该群体对决策及其质量的最终所有权。

当委员会成员不是真正的决策者，或者只是代表时，该决策机构的有效性就大大降低。这种情况在合资企业中经常发生，这些企业中，决策委员会成员没有调动重要资源的权力。这种情况下，对话决策过程必须在图12.1上方再包括额外的对话等级，即使充分授权的决策者参与到过程中的关键节点，也就是说，选项最终确定，到达最后的决策点时。

理想情况下，决策委员会成员接受过优质决策的充分训练，能对项目小组提出合理要求——根据他们达到优质决策的权利所提的要求。（请参阅下栏）要注意这些权利——同时也是他们的责任——与优质决策的要素是一致的。决策委员会成员使项目小组参与每次对话会议，以达成一致，并确认上述权利和要素的质量。在决策项目过程中，必须实现所有决策权利，从而满足优质决策的所有要素。

决策者的权利清单

每一位决策者都有权通过以下方式做出优质决策：

1. 决策框架，在最相关背景下构造决策。

2. 创造性的选项，允许在可行且各不相同的选项中进行选择。

3. 相关且可靠信息，这是决策的基础，包含内在不确定性。

4. 理解用决策者价值描述的每个选项的潜在结果。

5. 充分论证和分析，允许决策者得出有意义的结论，并选出最佳选项。

6. 有效的决策项目领导者，可以瞄准最佳行动方案并贯彻执行。

来源：SDG及决策专业人士协会

项目小组：组成和责任

作为对话决策过程的第二方参与者，项目小组包括以下个人：（1）决策委员会成员相信可以对图12.1下排所示活动做出重大贡献的人；（2）决策及最终执行中的重要利益相关者。项目小组的职责是评估情况、提出框架、形成选项、构建决策模型、搜集必要信息、充分论证以评估选项、展示选项之间的清晰对比以及为决策委员会推荐行动方案。而决策委员会的职责则是做出决策。

由于大多数战略决策本质上都是跨功能决策，这些小组通常会包括组织各部门的参与者。小组成员可能包括金融分析师、成本和定价专家、市场和销售代表、技术专家和/或具有具体决策所需专业知识的其他成员。他们必须被决策委员会认为是可靠且可以信赖的。如第9章中所述，让执行者加入项目小组可以建立拥有感，增加成功执行的概率。

决策委员会与项目小组之间的对话

决策委员会和项目小组定期召开关于具体可交付成果的会议。如图12.1所示，这些检查节点的目的在于在优质决策的关键模块上保持一致。每次开会时，项目小组将自己的发现汇报给决策委员会成员，决策委员会成员可以要求项目小组阐释清楚、更深入地挖掘或弥补空缺。图中间的椭圆形（框架、选项、评估选项、计划）表示每次检查节点时交给决策委员会的可交付成果，以及需要达成一致的情况。阶段明确的系统一致性为组织内围绕决策达成一致打下了基础，即使是在高度冲突的情况下。

对话的四个阶段

决策委员会和项目小组之间的对话有四个明显不同的阶段。第一阶段始于决策委员会成员或项目小组成员中任意一方发起对话决策过程后。（这也是图12.1中左边箭头为双向箭头的原因。）初始阶段后，当领导宣布必须以系统、严谨的方式解决战略问题或机遇后，对话决策过程正式启动。决策委员会被责成制定优质决策，同时组成项目小组。

阶段1：评估情况，在框架上达成一致

本阶段的目标是为决策制定合适框架。项目小组的活动包括通过研究决策背景评估情况，从项目小组成员及其他关键利益相关者中搜集观点，以及理解重要问题、价值和技术限制。有了这些信息，小组理清决策的目的和观点，并提出限定问题边界的范围：哪些决策是框架内的，哪些是框架外的？

与决策委员会的框架对话包括详细讨论项目小组提出的框架。委员会成员可能会建议在框架中增加新的决策，或者一些决策应该留待以后解决，甚至可能完全推翻框架。当双方达成一致时，这一对话步骤便结束了，并且决策委员会相信项目小组会以正确的方式解决正确的问题。在需要解决什么问题上，他们已经达成了一致。

阶段2：生成创造性的选项，在需要评估的选项上达成一致

对话过程的下一个阶段就是在需要评估的选项组上达成一致。当生成选项时，项目小组必须牢记第5章中讨论的那些特点。选项应该有创造性，并且选项之间应该在重要的地方差异显著。选项应该代表大范围内的选项，每个选项都是可供选择的合理竞争选项。选项还应该是可行的、有吸引力的。

与决策委员会的对话可能会导致消除一些选项，增加、精炼或强化其他选项。本阶段对话的目标是改进选项列表。本阶段结束时，决策委员会成员必须有信心认为：（1）项目小组已经明白要评估的选项组；（2）该选项组包括可以找到的最佳选项。他们还必须记住，最终的决策质量不会优于所考虑的最佳选项。

阶段3：评估选项，制定决策

在选项上达成一致后，项目小组利用充分论证评估每个选项的结果。对大多数战略决策来说，小组会构建决策模型（经常是用电子表格程序构造），模拟每个选项的结果，并用相关的价值描述。如第7章中所述，最终价值可以量化为等价的净现值，包括无形价值和有形价值、贴现效应及不确定性。或者，最终价值可以量化为非金融度量，如实现组织任务或目标的可能性。

评估的目的是确定覆盖大范围不确定性的最佳选项。关于这些不确定性的信息从合适的专家处搜集，并加入决策模型。根据重复方法，该小组将从简单的开始，然后根据利用龙卷风图等工具了解到的信息确定是否需要添加其他细节。最后，结果将突出每个选项的优点和缺点、内在不确定性及对于组织的价值。

评估还可以提供见解，引导小组发现新的组合选项。组合选项是接受评估的各个选项最优特征的组合。组合选项通常是降低现有选项风险或增强其价值潜力的新选项。在许多情况下，组合选项会被选为最优选项。

当然，评估的全部意义在于为决策委员会成员提供比较选项、考虑必要权衡及做出满足优质决策要素的明智选择所需的洞察力。一旦评估完成，项目小组在其他对话会议上将结论呈现给决策委员会，提供关于哪个选项是最佳选项，以及为什么这个选项优于其他选项的详细信息。之后，就要靠决策委员会做出必要的权衡以及最后的决策。

当双方都出色地完成各自的工作后，最佳选择往往会很明显：框架是清晰的，选项很有吸引力，评估结果提供了最佳选项的清晰指导。但是，在做出决策前，决策者需要深入挖掘并充分理解与每个选项相关的不确定性以及如何控制这些不确定性。

一旦做出决策，决策委员会就拥有这个决策——并且必须准备好捍卫这个决策。最好的捍卫就是能充分证明决策质量的文件记录，也即该决策如何满足优质决策六大要素中的每一项。

阶段4：设计执行计划并在执行计划上达成一致

最佳选项选定后，就是该为这个选项制订全面执行计划的时候了。当然，所有选项最初都是从执行的角度限定的，但是，在做出选择之前，执行信息一直限于做出决策必需的信息。现在，需要一个更具体的计划保证既能付诸行动，又能有效执行。如果让执行工作的领导参与进来——他们本来就应该参与——他们会充分理解选定的选项，并且可以轻松地过渡到详细执行计划上。行动计划应当包括所需的资金配置、人员、时间表、应急计划及风险缓解措施等。此时，移交给执行小组的工作就完成了。

利用关注优质决策的对话决策过程，决策委员会成员可以自信地说，他们已经选出了最佳前进路线，并避免了执行过程中经常出现的决策失败。

决策情境各不相同

图12.1示出决策委员会和项目小组之间的四个对话互动过程。实际上，会议次数和决策项目的持续时间是由所处情况决定的。例如，如果对话决策过程还没开始框架就已经清晰了，那么框架和选项会议就可以合到一起。或者，如果评估结果很复杂，决策委员会在做出决策之前可

能想通过两到三次会议了解更多信息。

至于时间线，加速对话决策过程，如评估兼并机会，可能只需要两周，而数百万的投资计划决策可能需要五到六个月。但是，大多数战略决策都可以在两到三个月的时间内搞定。当然，由于行业、业务复杂性及项目小组可获得的信息质量不同，决策时间上会有很大差异。不管最后召开了多少次会议，经过了多长时间，对话决策过程的目的在于确保决策委员会可以自信地认为优质决策的每个要素都已经有效且高效地达到优质。

对话决策过程的优势

鉴于其设计构思，利用对话决策过程进行战略决策可以减少五个重大偏见。

1. 对话决策过程的第一阶段具体针对决策框架，通过加强对话来抵消狭隘框架重大偏见。

2. 由于系统且综合地解决优质决策各个要素，对话决策过程创造了真正的优质决策，而不是优质决策的错觉。

3. 通过成功的对话决策过程达成的一致意见是基于高质量的优质决策各要素，因而落入一致性陷阱，围绕低质量选项达成一致的危险性很低。

4. 有意识地使优质决策各要素都达到优质，包括预先理清框架，可以帮助抵消舒适地带重大偏见，不会把精力花在解决自己熟悉的问题而不是真正的问题上。同样地，决策工具让我们将精力集中在重要的因素上，而不是只集中在那些我们已经非常了解的因素上。

5. 通过从主张者和审批者的竞争上转移开，对话决策过程避免了主张/审批迷思，建立起对各个竞争选项最大价值的联合探索。相比绝对判断，人们更擅长做对比，因此，与试图质疑时刻准备捍卫自己的小组提出的单个提议相比，比较一组选项要更容易。

对话决策过程结构还提供了其他优势。以正确的方式让正确的人参与进来，并让他们通过这一过程参与即时对话，这样做允许组织在第一时间内纠正决策。这样可以节约时间，否则会因后期重新制定框架或最后一刻添加新选项而浪费时间。决策者时间有限，必须集中在确保实现优质决策上。“一致”是基于在有目的的短暂讨论中经过检验且修正的清晰的可交付成果。该过程可以与任何战略情况相结合，并且让决策者有机会将强大的领导与有效合作相结合，实现更优质决策。

行动中的对话决策过程：全速前进

在加拿大的艾伯塔省，数十亿桶石油被封锁在所谓的油砂中，其中，有一种非常重、非常黏的油被称为柏油（或沥青），与沙子、黏土和水掺杂在一起埋在地下。

当这种混合物靠近地表时，就可以挖出来，经过处理还原为柏油，进而可以转化为一种珍贵的油，名为轻甜原油（“轻”是因为其所含轻质分子比例较高，这些分子可以用于生产煤油、汽油能燃料，“甜”是因为其硫黄含量低）。但如果油砂离地面较深，还原柏油就困难得多。

有一家公司对地下柏油还原技术的研究已经进行了30年。最后他们终于成功了。他们新开发的技术利用独特方法将蒸汽注入地表深层，待柏油被热蒸汽融化变软后再提取出柏油。公司的工程师和地质学家项目小组热切期待将这项新技术在公司租用的一处偏僻地段投入使用。在他们看来，这处偏僻地段将进行示范项目，包括一家能够生产市场价值很高的轻甜原油的现场炼油厂。项目小组不断鼓动这个计划，但每次都被拒绝。

最后，管理小组意识到必须在那块偏远地段租约到期之前用它做点什么，但他们并不喜欢项目小组的提议。相反地，他们让项目小组利用对话决策过程做出优质决策。

管理小组将作为这个对话决策过程中的决策委员会。为了让项目小组更有成效，组内增加了新成员，包括公司规划团队中有经验的金融分析师和价格预测师。这些新成员具备的技能恰好与那些模拟提取技术有效性的工程师和地质学家互补。设备设计师和执行者也是小组成员，还有一位决策专家被要求领导整个过程。

利用对话决策过程，项目小组首先理清了框架。首次会议上，小组成员提出、讨论并形成了对决策来说比较重要的一长串主次分明的话题列表。之后，他们用一页篇幅陈述了自己的目的和观点。他们还制定了决策层次，提出决策项目的范围。这些框架材料形成了小组和决策委员会之间首次对话的基础。

在第一次对话决策过程会议上，决策委员会成员问了许多问题，并分享了他们的观点："你能解释一下吗？""为什么你认为我们应该现在就解决这种情况？""我们有关于竞争对手的提取技术的信息吗？""在知道我们需要多大马力之前，我们先不要担心提取现场谁来供电的问题。""我们应该包括允许别人为我们提炼柏油的决策。"在这些讨论过程中，对决策层次进行了修改，最终，决策委员会和项目小组在框架上达成了一致。

下一阶段，小组开始限定一组选项。不出意外地，他们希望包括自己的全面（提取加提炼）选项。在他们看来，公司对新技术应该抱着"要么做大，要么回家"的态度，但在第二次对话决策过程会议中，决策委员会否决了全面方法，因为这不适合公司更宏伟的油砂计划——或者不符合他们的资本预算。相反地，决策委员会要求提出其他选项，包括一些范围更窄的选项及分时段开展的选项。这是决策者第一次直接与项目小组讨论其他想法。项目小组很不情愿地接受了领导的意见，他们评估了一组包括更稳健选择的选项。

接下来的评估工作得出的见解令项目小组十分惊讶。分析显示，获得最大价值的途径是利用新技术移出柏油，然后将提炼工作外包出去。在对话决策过程之前，考虑到运输黏稠柏油的复杂性和费用，他们从未认真考虑过这个选项。但最后，运输相关的总成本却低于建造一座远程炼油厂的成本。

在第三次对话决策过程会议上，他们展示了这些结果。最终，他们明确了在该处使用新技术可以获得的价值。领导小组迅速行动，做出决策，并且对决策质量非常有信心。之前陷入主张/审批泥淖中的项目小组，之后得以全力执行计划——虽然是更稳健的方法——展现他们的新提取技术。

这家油砂公司在对话决策过程中的成功经验并不是独一无二的。在数百家其他组织及各种行业中，类似的例子有很多很多，包括：化工、制药、航空航天、能源生产、高科技、电信、交通，甚至好莱坞电影制作。经过数十年的实践，对话决策过程已经成为制定战略决策的最佳方式。

* * *

虽然对话决策过程对战略决策来说是一种理想方法，但对于许多没有那么复杂、管理人员每周碰面的重要决策来说，就有点大材小用了。下章将探讨用于重要决策的简化优质决策考核循环。

13

在重要决策中实现优质决策

我们选择的道路比宣称的目标更重要。决策决定命运。

——弗雷德里克·斯皮克曼

上一章展示了强大的方法——对话决策过程——在塑造企业未来的重要且复杂的战略选择中是如何应用的。如果应用得当，该方法可以帮助企业避开偏见，围绕高质量决策达成一致，但是，复杂到必须使用对话决策过程的决策其实只占很小一部分。

其他决策很多都是重要决策，也就是说，可能不像战略决策那么复杂或重要，但是仍然值得关注、付出努力。企业的重要决策可能包括：

- “应该选择哪个经销商在西南地区负责我们的产品？”
- “到了该修订员工医疗保健待遇的时候了。什么样的计划既能控制成本，又能令员工满意？”
- “我们新产品提高销量的最佳营销计划是什么？”

这些重要决策不会创造业务或使业务倒闭，但会在更好和更坏之间变动。类似地，个人也会在个人生活中面临重要决策，例如：

- “我应该去哪个大学？”
- “我应该寻求什么样的治疗来改善身体健康状况？”
- “作为业主委员会主席，我应该继续推动更换附近的游泳池，还是将今年富余的资金投资到其他地方？”

重要决策出现的频率比战略决策高，而且，综合来说，重要决策对我们业务成功或个人生活的影响可能与对应的战略决策一样大。

重要决策通常需要花费几小时的工夫：也许是开几次会，收集相关信息或建议的时间，或者关于行动方案选项的一些头脑风暴等。虽然这些决策不要求像对话决策过程这样的正式程序，但我们的目标仍然是优质决策，而优质决策错觉等重大偏见必须避开。决策付出的努力应该与决策问题及涉及的可能结果的复杂性相匹配。对于重要决策来说，需要的是简单便捷的优质决策考核循环。

优质决策考核循环：重复优质决策之路

实现优质决策从好的框架开始，以付诸行动结束。在此期间需要不断重复，集中精力增强优质决策链中的任何薄弱环节。个人及团队可以利用图13.1中示出的优质决策考核循环做出高质量的重要决策。

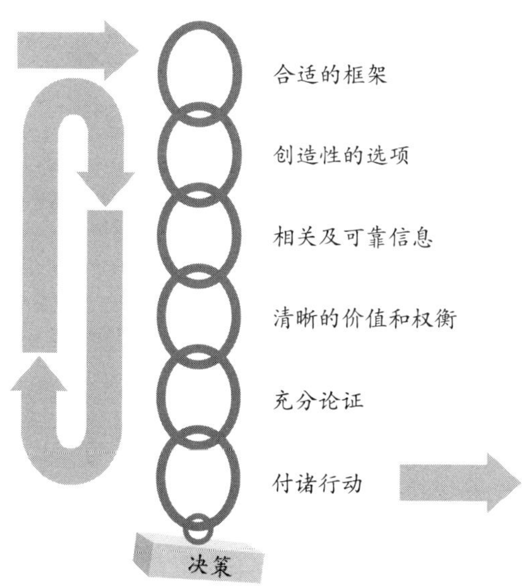

图13.1 优质决策考核循环

该过程在一系列步骤中展开：

1. 形成问题的初步框架。

2. 初次迅速浏览优质决策所有其他要素。

3. 评估每项要素的质量，其中，100%意味着不值得继续进行额外工作。

4. 提高薄弱环节质量，然后继续循环通过各要素，评估要素并改善任何低于100%的要素。

5. 当判定优质决策所有要素达到100%时，做出决策，转为行动模式。

不管应用在何处，优质决策考核循环总能带来回报。对卡罗琳来说确实如此。卡罗琳是一个销售小组的领导，她和卡尔一起发起了针对她自己及员工的一天培训课程。几年后，卡罗琳已经晋升为一家大型跨国企业亚太地区的首席营销官。她给卡尔打电话说：

> 这家公司的人似乎都觉得我特别聪明。这全都要归功于当年你讲的那些课。在市场方面，我们需要做很多中型决策——几百万的宣传、几十万的新产品生产、定价等。我都是围绕决策链来处理。我们解决的是正确的问题吗？我们有好的选项吗？我们清楚自己真正想要什么吗？我们有相关信息吗？这些信息可靠吗？我们的思路清晰吗？如果这些都具备了，我就会说："就这么定了，赶紧做吧。"但如果任何一项有缺失，我就会暂停会议，说："做决定之前，我们先把缺陷补上吧。"这就是他们觉得很聪明的地方。

大部分决策者不会停下会议。他们会继续就如何行动达成一致，不会检查优质决策的每个要素。虽然陷入一致性陷阱很容易，但形成检查优质决策要素的有效决策习惯，从而避免许多决策失败并不是很难。

＊＊＊

优质决策考核循环简单、迅速、执行方便。循环完全始于待定决策的框架，建立在改善薄弱环节的集中重复之上，最后以付诸行动结束。

第一步：形成初步框架

问题或机遇的框架将成为约束我们的盒子，我们在其中解决决策情境。如果我们把盒子定得太小，成为狭隘框架偏见的受害者，最优解决方案就不会包含在内。即使决策最初是以选项本身提出的，退回去限定需要解决的问题也很重要。在知道自己打算关注什么样的决策之前，我们无法形成整组选项。因此，框架是重要的出发点，框架错误是决策失败的一个主要原因。

在重复过程中，决策初始框架可能需要修改。在考虑选项时，我们可能意识到决策的另一个重要方面。（正如卡尔和莱塔发现的那样：“在做出决策之前，我们需要考虑体系结构的改进。”）在理清价值的过程中，我们可能会发现其中一个待讨论的决策已经决定好了。（迈克尔：“我不会考虑任何需要我现在搬家的工作。”）有意识地关注初始框架，我们可以避免狭隘框架重大偏见，推动优质决策其他要素。

第二步：初次浏览所有优质决策要素

初始框架形成后，就到了初次浏览图13.1中示出的优质决策其他所有要素的时候了。这一步可以按照任意顺序。这一步的目的是迅速粗加工，在之后的重复过程中会进一步润色和改进。在初次浏览时，决策者应该：

- 生成创造性的选项清单。每个选项应该有定性区别且可行。我们要的不是同一主题的微妙修改。不可行的选项应该改进至可行或放弃。

- 考虑可获得的信息。可获得的信息是否描述了每个选项可能带来的结果？信息是相关且可靠的吗？是否有任何重要信息缺失？怎样才能获得这些信息？

- 在指导最终选择的价值上达成共识。如果是个人决策，什么使这个选项比其他选项更有吸引力？在商业背景下，每个选项中将被衡量的价值是什么？有重要的无形价值吗？如果涉及多个价值，应该如何在它们之间做出权衡？

- 用充分论证比较每个选项的可能结果。如果不确定性有影响，画一个简单的决策树可以清楚地表示不同选项之间的关键区别。对于简单情况，比较每个选项的赞成意见和反对意见可能很有帮助。

- 检查关键利益相关者付诸行动的程度。最佳行动方案明确了吗？利益相关者对于利用正确资源的态度够认真吗？受影响的各方准备好付诸行动了吗？一旦做出决策，他们会贯彻执行吗？

初次浏览优质决策所有选项可以使情况更明了。一旦优质决策各方面的评定完成，下一步自然而然就很明确了。

第三步：评估优质决策每项要素目前的质量

一旦初次浏览完成，就到了评估优质决策每项要素质量的时候了。这是每位决策者的关键技能。在考虑决策时，我们要能够判断优质决策每项要素的质量。此时，可能会发现缺少信息或者选项太狭隘了。知道哪个要素薄弱，可以告诉我们下一步应该重点关注什么。

第2章中介绍的滑动标尺是将优质决策要素评级视觉化的有效工具。在图13.2的示例中，很明显信息是最薄弱的环节。选项同样需要关注。如果我们一定要现在就做出决策，不管我们的论证如何充分，人们付诸行动多么彻底，都将会是一个低质量的决策。而且，如果人们过早付诸行动，我们还必须在行动之前把他们拉回到优质决策上来。

由于决策质量取决于优质决策链中最薄弱环节的质量，图13.2中评

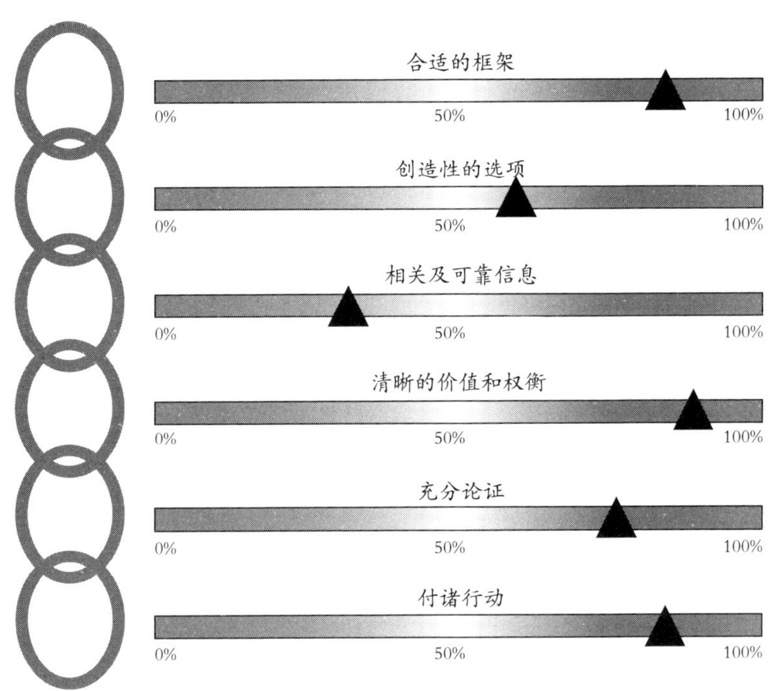

图13.2 用于每次重复中决策评级的优质决策滑动标尺

级的决策还没有准备好。通过利用滑动标尺，关注需要改进的要素，我们可以避免落入舒适地带重大偏见。

第四步：改进最薄弱环节，然后重复

薄弱环节代表改善最终决策的最大机会。只要任何决策低于100%，就值得投入更多时间和资源去改善该环节。根据定义，只要达到100%，任何进一步的工作都不值得。重申一遍，100%并不代表完美。实际上，完美是优质决策的大敌，因为这给了我们借口推迟需要做出的决策。

致力于改善最薄弱环节可以将思想和行动集中在能使决策更好的领域。由于优质决策各要素通常是动态相关的，其中一个改善会促使我们复查另一个。每次改善一个要素的时候，其他每个要素都要复查一遍，将我们获得的新见解纳入其中。例如，新搜集的信息可能会导致我们说："这个情况的框架我们没定好。我们必须改变框架。"新的选项可能需要增加信息。或者关于价值的新讨论可能会引导我们得出这样的结论："还有其他方法可以得到更多我们想要的——我们再加几个选项吧。"以这种方式反复验证优质决策各要素，最终我们将实现所有要素都达到100%，从而做出决策。

第五步：做出决策

当所有要素都达到100%时，最佳选项就清楚了。之后就是该转入行动模式的时候了。做好执行的思想准备后，我们就真的准备好行动了。这一转换过程仍然应该有意识、有目的地进行。对大多数人来说，这种转换会让人觉得如释重负。当我们头脑清晰，对自己所做的决策感觉良好时，我们通常能保持内心平静，最终执行我们觉得有道理且正确的事。

* * *

优质决策考核循环是在重要决策中实现优质决策非常行之有效的方法。这种有效性在下一节将要讲述的罗宾面临的重要决策中充分体现出来。

行动中的考核循环：罗宾职业生涯的十字路口

罗宾很喜欢她在州立大学的工作，在那里，她是教育学院系主任的课程主管。但是，由于改组，她的职位按照计划将在六个月后被取消。罗宾有信心在学校里找到另外一份工作，在这里，别人都夸她有创造力、组织能力强，但为了保险起见，她在自己的职业社交网络上说，她正在找新工作。

不久，一位朋友给罗宾推荐了一个有趣的工作岗位。一家新成立的企业财团——数学—科学挑战（Math-Science Challenge）——正在招副主管。该财团的目标是找一个像罗宾这样——当过高校数学老师——有亲和力的人。其成员企业计划在未来15年内共同协作，改善该地区小学和初中的数学和科学教育。

正如工作职责中所描述的，副主管将处理各种办公事务，与主管和财团成员协作，“建立成员企业与学校科学和数学课程之间的紧密联系”。这是一个很重要的机会。如果得到这份工作，罗宾将与颇具影响力的高管、工程师、科学家及数学—科学教育家团队近距离协作。在她看来，这是一个既能为社区带来实实在在的好处，又能发挥她的组织能力、教学经验及学习热情的好机会。但也有不好的一面。她将不得不离开她钟爱的大学社区，放弃多年经营的各种关系。而且，与所有未经实践的新事物一样，财团的工作涉及不确定性；她要与新老板及新建公司的员工一起工作。她不知道自己会不会喜欢跟他们一起工作。但不管怎样，她还是应聘了这份工作，并进入招聘主管及几位董事会成员的面试。

面试过程非常顺利，罗宾离开的时候感觉很好。她喜欢自己见到的那些人；新职位似乎让人很兴奋，而且会给她充分自由掌控自己的工作。但她还有疑虑："如果他们录用了我，我应该接受这份工作吗？"

两天后，财团主管，也就是她未来的老板打电话给她："罗宾，我们面试了几个非常优秀的候选人，最后决定你是最适合这份工作的人选。你愿意加入我们的团队吗？"

主动权一下子到了罗宾手里。她应该答应还是拒绝呢？她明智地决定哪个都不说。相反地，她答道："我很荣幸也很开心收到您的录用通知。我能三天后再回答您吗？我需要考虑一下。"

"没问题。"主管说。

＊＊＊

离开大学的念头让罗宾一整晚基本上没怎么睡。她很矛盾，不知道自己到底想要什么。一方面，她很喜欢大学社区及其令人兴奋的环境。

在州立大学的工作将在六个月后结束，但在大学的诸多机构中，肯定会有一个差不多的职位。另一方面，她喜欢新挑战、更大的独立性以及将自己的创造力和创建人际关系的能力发挥到有价值的事业上的机会。

罗宾下定决心要做一个让她觉得有意义且正确的选择，于是寻求萨姆的帮助。萨姆是她的邻居，同时也是一名决策专业人士。除了其他工作，萨姆还在学校的管理教育项目中教授决策课程。

罗宾的初始框架

萨姆的第一条建议是制定决策框架。“罗宾，就我所理解的你的意图，”他开口道，“这不只是接受还是拒绝财团的工作那么简单。也不是要不要留在现在工作岗位，因为按照计划，这个职位六个月后就没有了。这个决策是关于你可预见未来的职业生涯。”罗宾觉得这个建议很有道理。她将自己的决策框架限定为“未来三年最适合我的工作是什么”。

初次浏览所有优质决策要素

现在，罗宾很满意自己合适地制定了自己的工作决策框架，萨姆解释了优质决策的要素以及她需要如何初次浏览，理解每项要素的质量。

“我们来说说你的选项吧，”他说，“这些选项限定准确吗？现实吗？它们确实涵盖了各种可能性的范围吗？”

罗宾发现了两个立刻想到的选项：（1）继续现在的工作，期待她中意的另一个工作在六个月内出现；（2）接受新财团副主管的工作。第一个选项有点模糊，但罗宾相信她很清楚在目前的工作结束前，可能出现的是什么。第二个选项限定得更明确些。

还有其他选项吗？罗宾明白多于两个选项的重要性，但这是她目前能想到的所有内容，即使是在动用了自己大量的网络资源后。由于只有几天的时间来做出决策，罗宾和萨姆都认为不值得生出其他选项，因此，她继续思考这些选项中她看重的东西。

对于工作，罗宾看重什么呢？虽然得到最多我们想要的是每个人的目标，但在处理自己的工作决策时，罗宾并没有有意识地探寻这个问题的答案。

她目前在教育学院的工作是一份备受瞩目的工作，让她有能力影响涉及师生的重要政策。她在校园内建立了强大的人际关系网，广受尊敬。工作流程有时很难预测，导致罗宾对于如何分配自己时间的掌控不尽如人意，但总的来说还是很值的。当罗宾考虑接下来几个月中可能会出现的其他机会时，她预计自己可能在学校担任的任何新角色在受关注度和影响力上都将降一个档次。此外，她还知道自己会喜欢与这里的许多同事保持联系。在学术氛围中，她感觉很自在。

选择二是一个职业发展机遇更好的新职位。在她看来，目前的主管，也是一位退休高管，很可能会在两三年内退位。到时候，她可能已经在这份工作中积累了足够的经验，赢得了董事会和财团利益相关者的信任，为自己创造了更大的机会。“谁知道呢，”她沉思着，“他们可能还会让我当下一任主管呢。”而且，改善数学和科学教育这个想法与她预见的自己未来在大学的工作相比要充实得多。

尽管有这些好处，但财团的工作涉及更大的不确定性。她对主管的印象很好。“但是，除非你跟新老板一起工作几个月，”她提醒自己，“否则你永远都不知道自己会跟他相处得怎样。”

想到这些不同的选项，罗宾意识到在这个决策中，有些价值对她来说是很重要的。根据萨姆的建议，她把这些都写了下来：

- 与团队关系融洽，被团队接纳
- 独立、创造力、企业家精神
- 弹性地组织工作
- 职业化的学习、成长机会
- 有影响，建立传统
- 与受人尊敬的“品牌”相关
- 良好的薪酬和福利

看到罗宾列出的清单时，萨姆很高兴。“你的价值清单上涵盖了许多不同方面。”他说，“你知道这上面哪些是你最看重的吗？”

罗宾已经有了答案。“我最看重的三点是：弹性、学习和成长机会以及有影响并建立传统的愿望。我在清单中写了薪酬，但其实这两份工作提供的薪酬福利基本上差不多。”

“很好，罗宾。删除不同选项中的等同因素以降低复杂性。”萨姆说，“你已经对你的框架、选项和价值做了非常好的改进。下一步我们要多考虑一下信息和论证了。”

* * *

萨姆和罗宾下一次碰面的时候，萨姆帮她建了一个决策树来描绘她的情况。在决策树中标出她的选项更便于将可能性视觉化并跟踪可能性。“对于每个选项，我们需要加入每种选择的可能结果。”他说。

思考了几分钟后，罗宾加入了这些结果。对于州立大学的工作，她发现结果要么就是“非常好”，要么就是“还可以”。

“如果结果证明继续在州立大学工作只是‘还可以’，你会怎么做？”萨姆问，“到时候你会做另外的决策——比如，尽量改善现有情况还是找个更好的工作？”

“是的，我将不得不在这两项中选择一个。”

萨姆将其描述为下游决策，这是好的决策者会为每个选项考虑的。“感觉像是在下棋。你想要预测每一步的可能结果，然后做出反应。”罗宾意识到财团的工作可能也涉及下游决策。如果这个工作跟她原先期望的不一样，她将面临另一个选择——尽量改善，还是再找个更好的机会。考虑到她所有的决策和关键不确定性，罗宾初步的决策树简要概括为图13.3。

罗宾和萨姆计算了一下，决策树上有七种可能结果。罗宾认为其中一些要优于另 些。一种极端情况下，如果她从现在开始一年内都对财团的工作热情不减，这将是所有结果中最好的结果。另一种极端情况

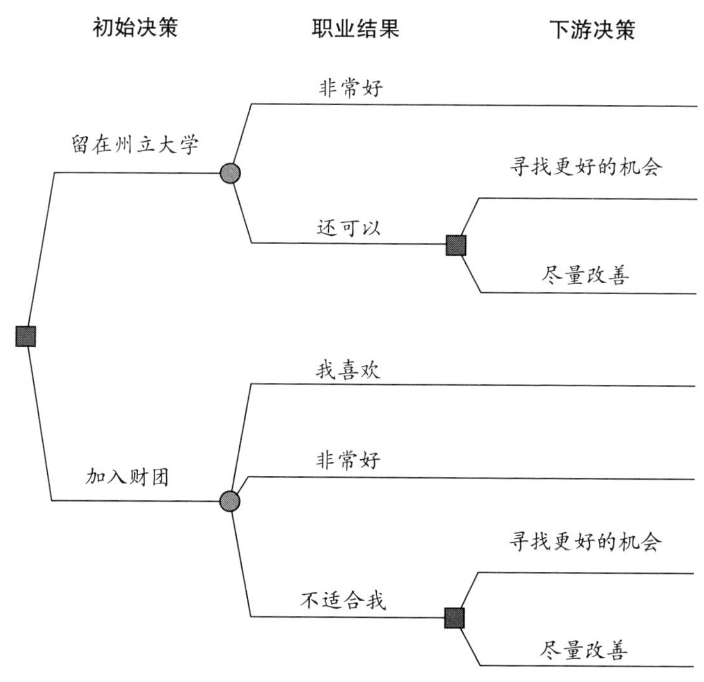

图13.3 罗宾的初步决策树

下，如果结果证明财团的工作很让人失望，选择留下并尽力改善糟糕状况将是最坏的可能结果。在萨姆的鼓励下，她在决策树的每个结果上按照百分制标了一个数值。萨姆建议她将自己最希望的结果定为100，最不希望的结果定为0，其他结果在这个范围内评定。“慢慢来，不着急，”萨姆建议说，“好好想想你的价值，以及从现在起一年后你对这些结果的感觉。”图13.4示出了她的评分和理由。

为每个结果标出数值后，罗宾已经准备好考虑每个结果发生的概

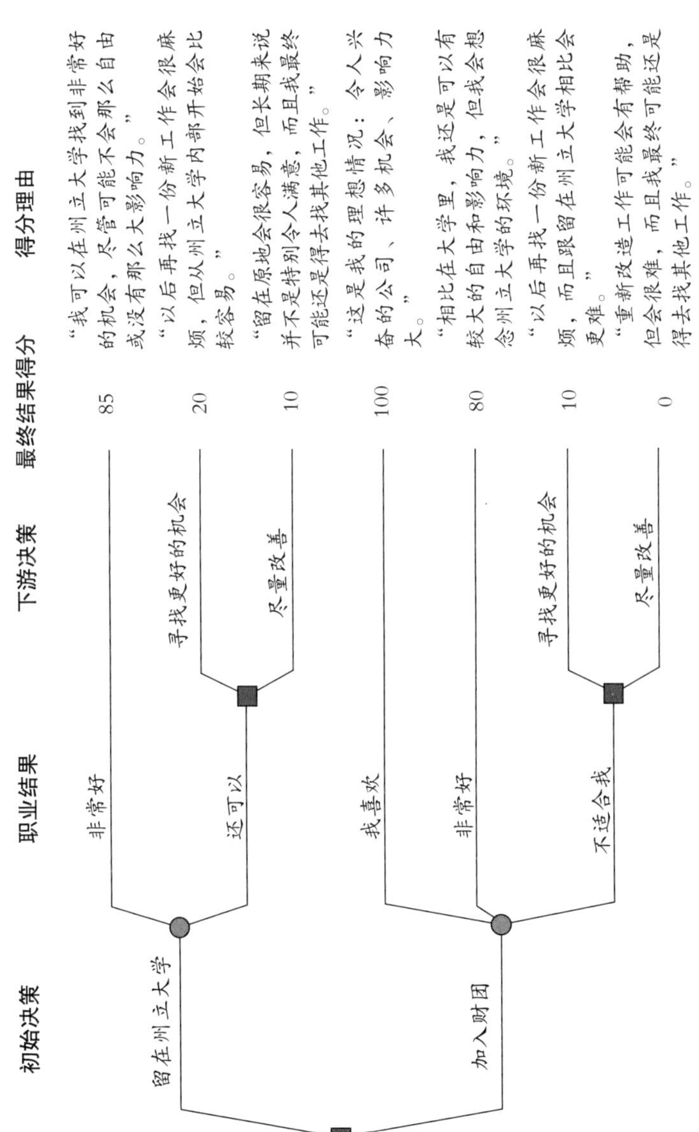

图13.4 罗宾每个可能结果的评分

率。这里没有什么是一定的。虽然她非常希望财团的工作能满足她的最高期望，但她知道这种情况发生的概率要低于100%。因此，她仔细考虑了自己在财团、大学及网络上的所有讨论和经历，系统地为每个结果标出了概率。

如图13.5所示，罗宾预计留在州立大学，产生非常好结果的概率是75%，而“还可以”的概率只有25%。后一个结果会促使她做出另一个决策：找一个更好的工作，或者尽力改善自己在大学的处境。对于

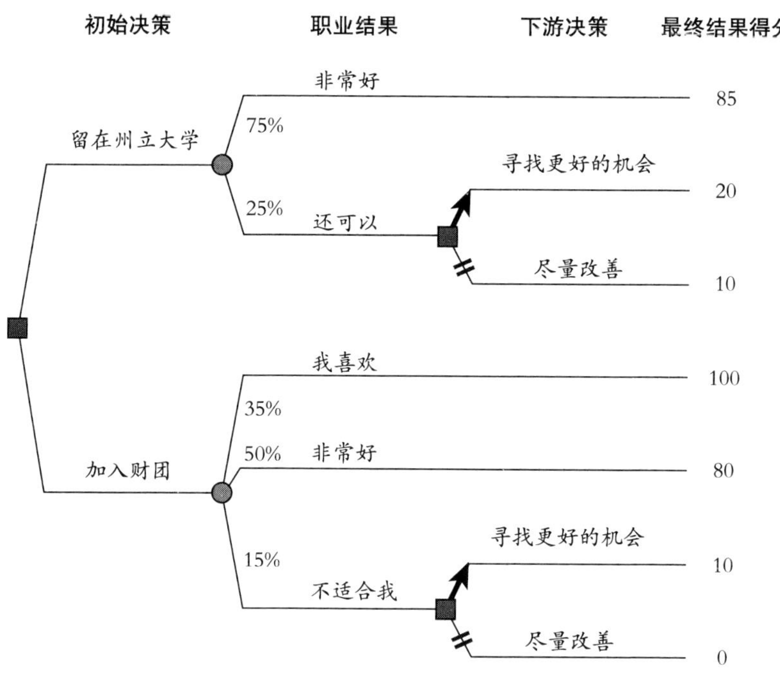

图13.5　加入罗宾的结果概率

财团工作的最好可能结果，她给出的概率是35%，另有50%的概率会“非常好”。

在萨姆的帮助下，罗宾已经准备好做点数学运算——用简单的乘法和加法计算这些结果的期望值，等于概率加权平均数。

罗宾留在大学的期望值是多少呢？首先，罗宾的结论是，不管是在大学还是在财团，如果一切只是还可以，或者不适合她，她肯定会寻找更好的机会，她不会满足于“尽力改善”。她在自己的决策树上用箭头标出自己将会如何选择。因此，对大学的工作来说，确实只有两种结果：得分85，概率为75%；得分20，概率为25%。因此，通过将这些数值相乘相加，罗宾最后得到的期望值是68.75。计算方法是：（85×0.75）+（20×0.25）=68.75。从未来一年的角度看，财团这个选项看起来似乎更有前途，其期望值为76.5，计算方法是：（0.35×100）+（0.50×80）+（0.15×10）=76.5。

评估优质决策每项要素目前的质量

完成决策树的初稿和期望值计算后，萨姆要求罗宾思考一下她目前所知道的关于决策的信息质量。“哦，”她说，“我觉得我现在理解得更深刻了，但还没有做好付诸行动的准备。到目前为止，我们已经用决策树将我们所知道的关于选项、信息及我的价值的一切进行了组合，但我还不确定自己对这个有多自信。我怎样才能知道自己是否需要做得更多呢？”

“好吧，”萨姆说，“鉴于我们目前所做的一切，财团的工作似乎看起来更有可能让你获得你重视的东西，但考虑到这个决策的重要性，你怀疑是否需要做更多是非常明智的。我建议我们评估一下每个要素。到目前为止，我们只是粗略过了一遍而已。”他鼓励罗宾考虑每项要素的质量：她的决策框架、选项、决策中涉及的信息等。“如果你发现有任何薄弱环节，那下一步就是改进这些环节，因为你的决策质量取决于最薄弱的环节。”

“好。”她答道，“如果必须评定每个要素的话，我会说我现在掌握的信息可能只有50%左右。我肯定可以利用更多关于财团及州立大学可能的工作的信息。在选项上，我可能只做到了40%。我应该更深入地思考我现在面临的两个选择的可能选项。到目前为止，我付诸行动的决心大约只有60%。其他要素感觉还不错，接近100%，不过这三项上我还有一些工作要做。”

改善薄弱环节，重复检查所有要素

之后的几小时，罗宾给州立大学的一位人力资源经理及一些关系比较好的同事打了电话，询问是否有合适的工作空缺的新消息。她还再三检查了州立大学的招聘信息。通过这两种途径都没有得到任何新信息，因此，罗宾没有继续添加新的选项。

她还利用网络获得了财团主管及董事会成员的一些背景信息。虽然她没有找到关于他们的任何负面信息，但他们全都快退休了，这让她有些犹豫。因此，罗宾不那么确定自己会像原本想的那样喜欢财团的工作了。她将成为公司最年轻、最没有经验的新手。这对她的职业生涯以及她掌控自己工作的能力会有何影响呢？

“你觉得我应该稍微改变一下原来的设想吗？”再次碰面时，她问萨姆，“比如，我喜欢财团工作的概率只有25%——而不是之前估计的35%，而且我预测有25%——而不是15%——的概率这个新工作会‘不适合我’。你可以算一下这些数吗？”

萨姆将新数字敲进计算器。“你检查新的选项，这一点做得很好，虽然你并没有找到。而且我很高兴看到你努力寻找更多信息。这是你第二薄弱的优质决策要素。”结果表明，根据这些修正后的设想，州立大学的工作要稍微好那么一点点，期望值为68.75，而财团工作的期望值是67.5。“所以，罗宾，你会发现，在价值和设定的概率没有让你觉得很舒服之前，你是多么不愿意做出这个决策。这些数字是主观的，”他提醒她说，“可能你明天看它们又会有不一样的感觉。”罗宾表示同意，并决定晚上好好睡一觉，第二天再来拜访她的分析师。

她重新检查了优质决策的各个要素，以确定是否需要根据她对财团的新感觉重新评估其中的任何一个。不过并没有。鉴于她所做的工作，她现在觉得除了信息之外，其他要素也都已经接近100%，只有付诸行动这一项例外，她相信等她选定信息，这一项也会达到100%。

罗宾的决策

“呃，萨姆，”第二天，罗宾给他打电话说，“我重新检查了那些数字，觉得我昨天说的财团的概率有点偏见，我被害怕成为团队中最年轻的人的担忧影响了。我觉得我喜欢那个工作的真正概率在30%左右，这个工作不适合我的概率只有20%左右。我已经把这些数字填到决策树上了，并且计算出财团工作的期望值是72。我做得对吗？”

萨姆笑了。她说话的时候，他一直在输入数字。“很好，你做到了！一旦掌握了诀窍，数学也没那么复杂，不是吗？我很高兴你一直在思考这件事。”罗宾咯咯地笑了。萨姆能听出她声音中的自豪和透彻。他继续说道：“所以，这意味着财团的工作现在是期望值最高的。你觉得这能说服你吗？你感觉正确吗？”

“是的。”罗宾确认说，“我已经努力想过做出良好决策所需要做的一切，我已经准备好做决定了。我准备接受财团的工作。这个选择让我感觉很好——不管是脑子里还是心里。”

“太棒了。”萨姆说，“我们的理智和情感能达成一致始终是件好事。我相信州立大学的人们会想念你的。”

做出决策后，罗宾立刻从思考转入行动。她列了一个清单，写明了与新老板第一次见面时希望搞清楚的内容，并思考了自己可以如何组织工作，以最大限度地发挥自己的技能，更好地为财团的目标做出贡献。她还制定了离开大学的策略；她希望能以最好的方式离开，不要自断后路或者破坏重要的人际关系。她还想到可以让学校的学生和教授一起参与财团的工作。不过这个事可以以后再说。她会首先跟州立大学的老板谈一谈，然后再告诉同事自己的决定。之后会递上一封正式的辞职信。“而且，在我做这一切之前，我应该先拿到财团的正式录用通知。”

＊＊＊

罗宾做出这个重要决策的方法为她提供了许多深刻见解。

- 萨姆指导的过程对罗宾非常有帮助。没有这个过程，罗宾将无法如此系统地做出选择。如果她没有达到优质决策的坚实过程，决策可能会受感情驱使，或者罗宾天生的风险厌恶和舒适地带偏见可能会让她做出继续留在州立大学的决定。
- 列出自己的价值对她来说是一个很好的起点，可以识别什么最重要。如果她的决策中涉及其他利益相关者，她会与他们一起限定价值、参与过程中的其他步骤，确保不会落入将优质决策与一致性混淆的陷阱。
- 决策树帮助她思考自己的选项、可能结果及每个结果的相关概率。决策树非常有用，因为她之前从未想过如果她下一份工作的结果这一步不是那么令人满意，她可能会做出下游决策。
- 她花时间认真考虑优质决策的每个要素、自己的设想及自己对它们的感受。在此期间，她的感觉和论证逐渐统一。
- 即使她最终的选择包含比其他选项更大的风险，罗宾仍然很享受内心更深的平静，因为她明白自己为什么会做这样的选择。
- 一旦罗宾让自己确信优质决策的每项要素都已经尽可能地坚实，她就可以深信不疑地说，她已经做出了最好的可能决策。决策的结果会如她所愿吗？我们不可能知道结果，因为未来本来就充满不确定性。但是，罗宾可以无条件地宣布，她的决策符合优质的所有标准。

小结

罗宾的故事描绘了在重要决策中，我们如何应用优质决策考核循环达到优质决策的终点，同时避免途中的各种偏见和陷阱。起点是避免狭隘框架偏见的框架。接下来是初次浏览优质决策所有要素。之后，对优质决策每项要素质量的评估——滑动标尺——显示哪里需要做更多的工作，以提高所有薄弱要素的质量。更多次重复用于使优质决策所有要素达到100%，之后，就到了该做决策的时候了。

重要决策付诸行动之前的最后测试是确保脑子里想的和心里一样。最后，决策应该让人信服，感觉正确。优质决策考核循环可以帮助我们在重要决策中实现这一点。

DQ

第四部分

优质决策之旅

DECISION QUALITY

之前二部分描述了优质决策的框架，并介绍了在战略决策和重要决策中实现优质决策，同时避免途中可能出现的偏见的过程。第四部分提供通往优质决策的旅程中的重要见解。第14章展示了一个案例分析，其中描述了决策分析的早期应用，也就是在优质决策框架中心的应用。该应用提供了将基于优质决策的分析和更传统的金融分析并排比较的难得机会，描述了决策分析工具如何引导大型企业内思维模式的强大转换。第15章介绍了组织优质决策的更宽泛概念，并描述了将优质决策扩大到整个企业的方法。本书最后以第16章结尾，其中包括对读者如何在自己的职业和个人生活中应用优质决策的思考。

14

阿莫科无铅汽油决策

以确信而始的人，将终于怀疑；而那些甘于以怀疑开始的人，将终于确信。

——弗朗西斯·培根

当踏上通往优质决策的旅程时，决策者们常常会问，如何应用优质决策工具和决策分析才能与其他情况下使用的其他金融分析工具相匹敌？两相比较，就时间和金钱而言，优质决策是更好的投资吗？这个问题不好回答，因为两种方法一起使用的情况非常少。通常来说，决策要么是用传统分析工具解决，要么是用优质决策工具解决，但早在1968年，合著者卡尔却有机会进行直接比较。总部位于芝加哥的阿莫科石油公司（当时称为印第安纳标准石油公司，后更名为阿莫科，再后来与BP合并）正在为一个艰难的战略决策头疼。

美国大型石油公司阿莫科面临一项选择：是否要主动将全国范围内的有铅汽油生产转换为无铅汽油。当时，含铅燃料导致的健康和环境问题已经开始显现，政府机构也已经开始讨论禁止铅添加剂。他们的讨论会转化为行动吗？谁也说不准。

炼油厂一直在用铅添加剂（四乙基铅）提高汽油辛烷值。含铅燃料已经成为标准燃料。通过兼并美国石油公司，阿莫科拥有了美国为数不多的几个无铅汽油经销商之一。公司还开发了利用铂催化剂提炼燃料，不使用铅添加剂提高辛烷值的专有工艺。产品上市后，公司的顾客经常会不惜多走几英里来购买高辛烷值无铅汽油。被兼并公司之前的老板是阿莫科董事会的董事之一，他游说公司全面朝无铅汽油转换。

在这位董事的坚持下，公司对这个决策进行了分析——不止一次，而是四次——每次评估团队都建议不要转换为无铅汽油。阿莫科公司工程师和经济学家的研究表明，生产与含铅汽油同等辛烷值的无铅汽油将大大增加成本，而且市场研究也显示，顾客愿意负担的无铅汽油额外成本不超过一半。每加仑汽油的低边际利润可以用高销量补偿吗？谁也说不准。此外，转换为无铅燃料需要的投资超过6亿美元（按2016年的美元价格计算）。这种规模的投资将严重限制阿莫科投资其他方案的能力。

无铅汽油的问题仍然没有解决。每次研究团队给出负面结论的时候，那位支持转换的董事就会说："可是你们想过x吗？好，那y和z呢？"于是，分析师们又得从头开始。

主管下游业务（阿莫科提炼、分销和市场部门）的新总裁决定一劳永逸地解决这个问题。他成立了由公司顶级分析师组成的特别小组，要求他们重新研究这个问题。特别小组得到了充足的预算及10个月的时间来搞定这个问题。当时，阿莫科是应用经济学分析及复杂线性编程技术的领先企业，因此，大家对得出明确结论的期望很高。特别小组继续评估了全面推广无铅汽油的12种情境。

这项工作花费了九个月的时间，之后，卡尔在公司内召开了一次决策分析研讨会。在20世纪60年代末，决策分析还是一个新兴领域，当时刚读完工程经济学博士学位的卡尔是这一领域早期的追随者之一。他后来回忆说："当时，斯坦福大学教授朗·霍华德的文章《决策分析：应用决策理论》（*Decision Analysis*：*Applied Decision Theory*）刚刚发表。那篇文章，以及我自己琢磨出来的东西，就是我的指导手册。"

下游总裁参加了研讨会，并且发现利用这种新方法，无铅汽油问题很快就可以解决，只是有点太晚了。无铅特别小组只有一个月的时间提交他们的最终报告。但是，当特别小组要求延期一个月时，总裁发现一个机会，并给卡尔打电话说："如果让你用决策分析解决这个问题，你需要多长时间？"

对一个二十来岁刚毕业、商业经验很少的学生来说，来自美国领先企业顶层管理者的这个请求可能是一辈子难得一见的机遇。卡尔告诉总裁，如果与现在的特别小组配合好的话，他可能需要6～8周的时间来完成这样工作。这个时间对总裁来说可以接受，因此，阿莫科请卡尔用决策分析来解决这个问题。

当卡尔开始着手解决这个问题时，已经有一些特别小组完成的分析成果供他借鉴。但是，仍然存在许多不确定性：

- 如果会，美国政府到底什么时候会禁用含铅汽油？

- 如果阿莫科在政府颁布禁令之前转入无铅汽油生产，竞争对手们会做何反应？
- 研究会揭示铅对人体细胞的什么影响？
- 在没有政府强制要求的情况下，有多少顾客愿意多花钱购买更环保的产品？
- 如果政府强制要求使用无铅汽油，竞争对手们会研发它们自己的技术吗？阿莫科可以许可他们使用自己的专利方法吗？

这些不确定性导致阿莫科的投资决策风险很大。如果继续在没有政府禁令的情况下投资6亿美元，一旦司机们不愿意花费更多的钱购买无铅汽油，公司将面临巨大损失。另一方面，如果顾客积极响应，政府很可能会见风使舵，在全行业内颁布含铅汽油禁令。这样，阿莫科的产品销量将大大增加，从而消除边际利润低的问题。利用自己的专利提炼技术，在生产和经销上抢先起步，公司将成为市场领导者——并且享有成本优势。总而言之，问题的有利面似乎非常棒，而不利面似乎也很可怕。难怪解决这个决策一直这么难。

着手解决无铅决策

阿莫科的选项很清楚：他们可以维持现状，同时继续将无铅汽油作为有限地区供应的特色产品；或者他们可以主动将全国的产品生产线转换为无铅汽油生产线。利用公司分析师分享的数据，卡尔开始整理会影响转换为无铅产品结果的许多因素。例如，稀缺原材料成本将如何影响单位生产成本，从而影响该方案的净现值？竞争对手的回应将如何影响市场定价？对阿莫科的利润率会有何影响？关联图（图14.1）示出这些不确定性之间的相互联系。

在类似这样的复杂决策中，很重要的一点就是理解关键因素之间的关系，以及这些因素对底线价值的影响有多大。牢记这一点，卡尔与几

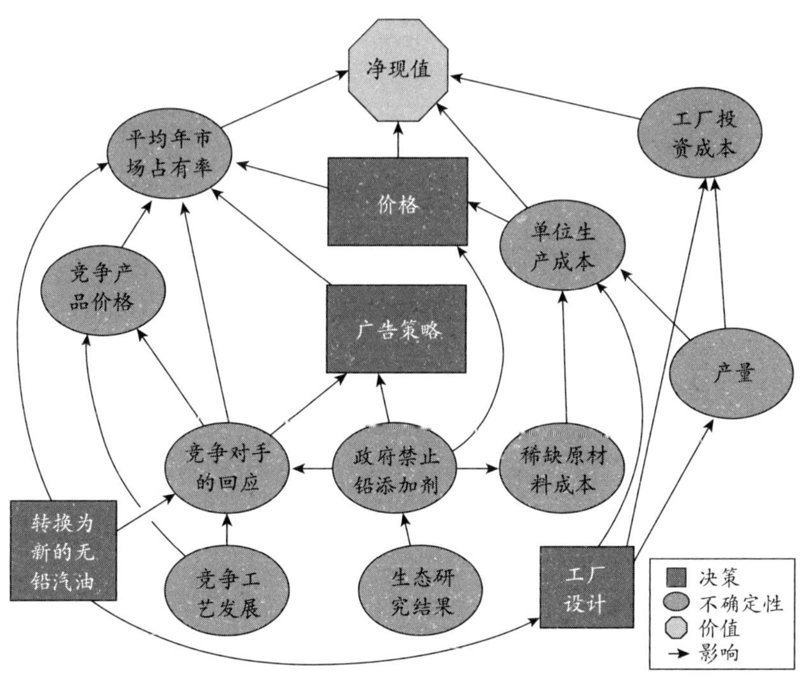

图14.1 阿莫科的关联图

位专家碰面，一起评估每个不确定性的范围预测，之后，他开始仔细计算，最终回答了一个关键问题：哪些才是真正重要的因素?

如第11章中所讨论的，人们会自然而然地将问题拖入自己的舒适地带。毫无例外地，特别小组的成员绝大多数都是工程师。他们关注的是生产成本和稀缺原料。但是，结果证明，对股东价值的整体挑战来说，其他因素要重要得多。这在图14.2的龙卷风图中已经显示出来。

在全国范围内转换为无铅汽油基础方案的净现值只有1200万美元，

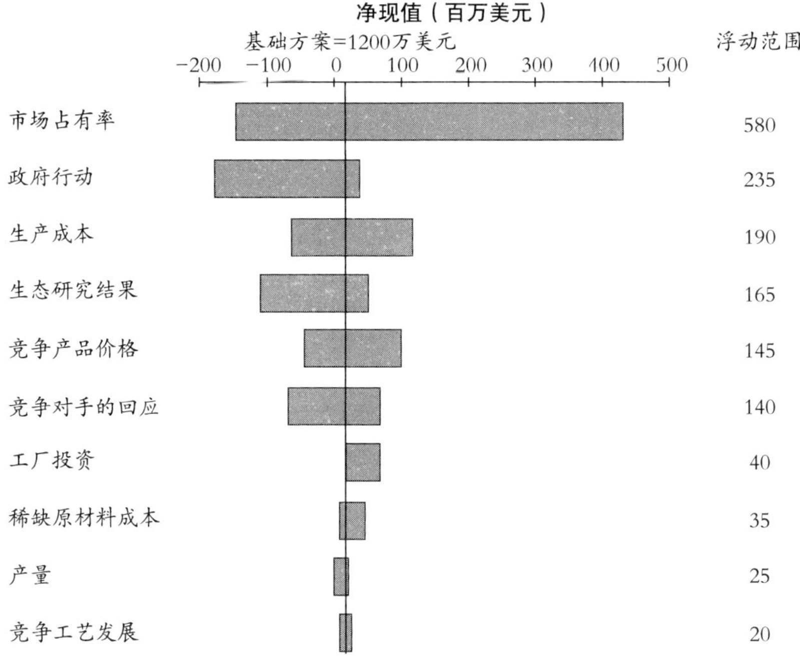

图14.2 阿莫科产品线转为无铅汽油龙卷风图

刚刚满足弥补阿莫科投资成本的要求——但市场占有率效应可能会产生风险或打破风险。在市场占有率范围顶部，整体价值将增加至4.3亿美元。在该范围底部，将导致约1.5亿美元的价值损失。因此，具有5.8亿浮动范围的市场占有率对底线具有重大影响。政府动态也是不确定性的一个重要来源——很大程度上是不利的。如果政府得出结论，铅对人体无害，那无铅决策的价值会下降，产生2亿美元的损失。经过对比，成本因素——工厂投资、原材料及生产成本——对净现值的影响相对较小。然而，阿莫科的分析师们一直将大部分精力和特别小组的预算放在这些成本因素上。

龙卷风图向阿莫科管理层传递了一条清晰的信息：为了降低这个决策中的不确定性（或风险），他们应该多了解一些关于市场占有率和政府动态的信息。

让关键不确定性更清晰

显然，大量工作要放在研究生产无铅汽油后几个月至几年内阿莫科真实的市场占有率上。为了更好地理解市场占有率的影响，卡尔与十多位专家进行了交谈。他们预计阿莫科可能的市场占有率（用表示市场占有率结果范围的概率曲线表示）变数很大。“这些都已经在图上绘制出来，”卡尔回忆说，“我们甚至将几组人叫到一起，让大家分享一下自己的判断和论证。”虽然争论很激烈，但仍然没有达成共识。图14.3

示出了两种最极端的预测曲线上的每个点表示市场占有率达到或低于给定市场占有率（x轴）的概率（y轴）。因此，最悲观的专家认为，市场占有率会在32%到42%之间，而最乐观的专家则预测在37%到57%的范围内。他们的推测范围并没有太多重叠。

阿莫科的总裁对这个讨论非常感兴趣，于是作为旁听者参与了几次会议。意识到不会达成任何共识后，他最后在小组10条不同的曲线中大致画出了自己的概率曲线（同样在图14.3中示出）。虽然一些参与者认

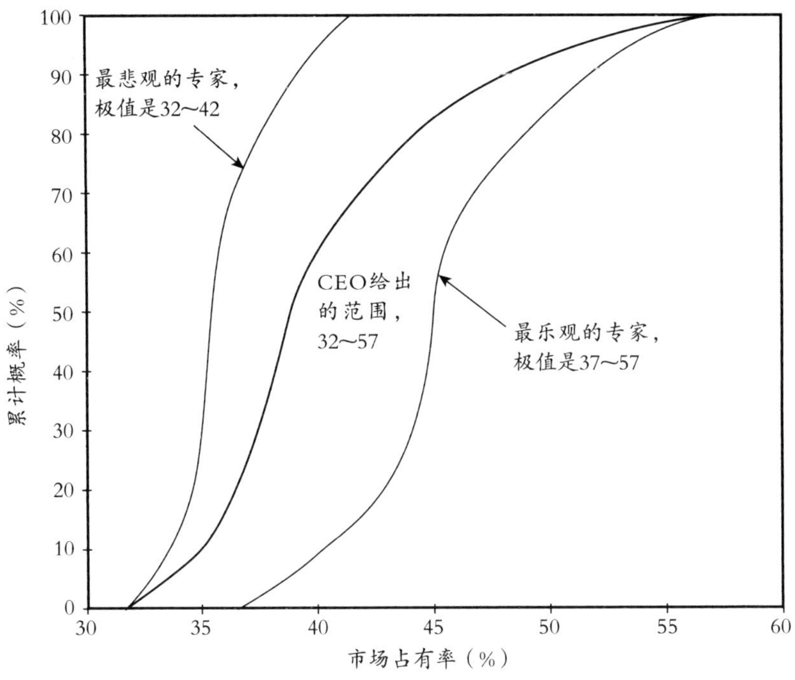

图14.3 产品线转换的市场占有率概率分布图

为有更客观的方法可以平均各种推测，但总裁宣布，因为他要向董事会证明分析的正确性，所以他将用自己最信任的曲线。他说："你们能想象几年后，我站在董事们面前，解释说我们得出了一个坏的结果，然后说'我一直都不相信决策中使用的市场预期'吗？他们会让我立马滚蛋——而且这是理所当然的！"虽然市场占有率对于这个决策非常重要，但其他关键因素也要考虑。利用龙卷风图（图14.2），卡尔选出最重要的因素，用决策树画出结果各种可能的组合。图14.4是代表360度全

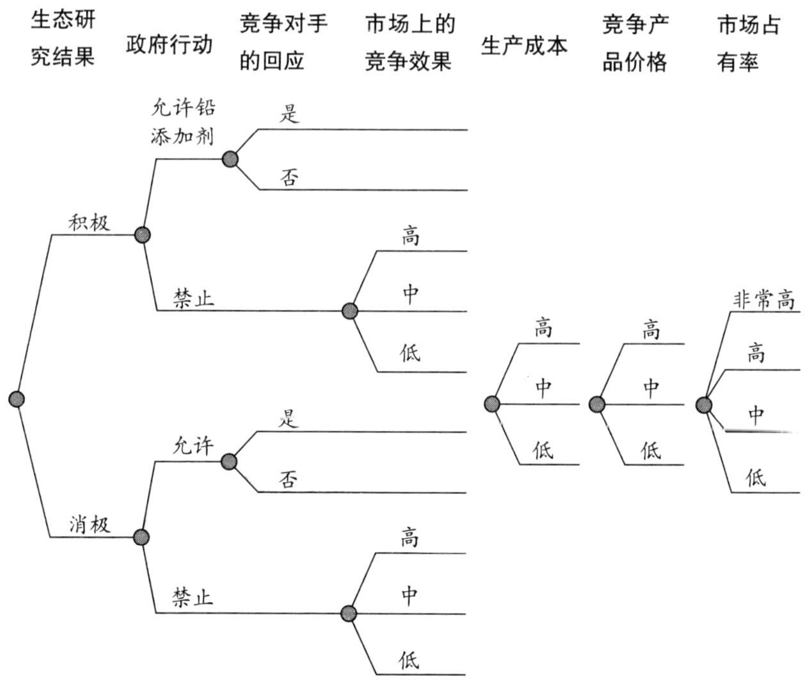

图14.4　阿莫科产品线转换决策树示意图

方位路径的决策树示意图。通过树的每条路径描述不同关键因素可以如何组合，产生决策的净现值。乘以每条路径上的概率（树中未示出）就可以得出每条路径的概率。（顺便说一句，鉴于其重要性，卡尔在树中用了四种不同的市场占有率可能结果，而不是更常用的低、中、高的三点式结果。）

之后，卡尔将这些计算归纳为生产线转换为无铅（图14.5）的单个价值概率分布，并解释了他的发现："考虑到我们已经知道的和未知

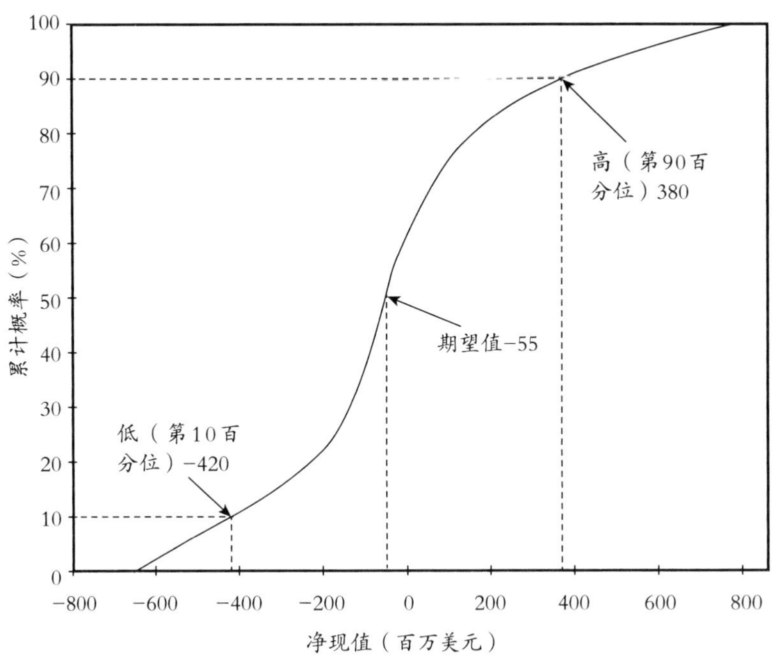

图14.5 阿莫科生产线转换为无铅的价值分布图

的，最坏的情况下，该战略将给阿莫科带来7亿美元的损失。最好的情况下，将带来8亿美元的利润。这两种极端情况都不太可能出现。有80%的可能结果会落在-4.2亿美元至3.8亿美元之间，期望值是损失约5500万美元。”

竞争对手报告

卡尔全心投入决策分析两周前，公司的特别小组已经完成了评估。小组成员用一百多张幻灯片向CEO进行了冗长的汇报。他们研究并评估了12种不同的情境：其中一种基本没有利润可言，而其他的均有小幅盈利。但是，虽然有这些结果，特别小组的建议却是继续生产含铅汽油，不转换为无铅燃料。这是基于预期的巨大风险，虽然这个风险只是在定性方面加以讨论。

“这正是我想要的。”汇报结束后，总裁对特别小组说，“把这些写成一份报告，我下个月要带到董事会上去。”

“那决策分析怎么办？”有人问道，“我们已经有一些看法，您可能会觉得很有趣。”

总裁回答说：“我也有一些看法。决策分析非常有趣，我们可以从中学到很多东西，不过董事们无论如何也不会理解的。”

两周后，当卡尔展示他的决策分析，讲到图14.5时，总裁打断了他。“你的最后一张幻灯片，我们可能得到的价值分布图，已经说明了一切。”他对卡尔说，“我们可能损失很多钱，也可能赚很多钱。只是我们不知道到底会发生什么——这张图用非常科学的方法说明了这一点。我想把这个加到给董事会的汇报中。”

但是，卡尔还没有完全结束。他继续展示了决策的期望值及整个图14.5的价值曲线，即使阿莫科已经有了关于生产成本的准确信息，知道生产成本到底是多少，几乎也不会有什么变化（变化幅度小于10万美元）。然而，特别小组90%的预算都花在了模拟不同生产成本的备选生产情境上。这些花费并没有增加决策价值。同时，特别小组仅将5%的精力花在研究市场占有率的影响上，虽然这才是最重要的不确定性因素。决策分析表明，研究市场占有率比研究生产成本重要得多。因为缺乏洞察力，特别小组严重错误地配置了自己的资源。

决策分析还表明，如果非常高的市场占有率成为现实，转换为无铅汽油将产生近4亿美元的财富。“我已经问过市场部，怎样做可以带来更确定的市场占有率，”卡尔回忆说，“得到的回答是在全国市场上测试。”但是，市场部执行副总裁（EVP）坚决反对在全国范围内测试。在他看来，这样做成本太高。无铅汽油的产量必须增加，而且必须大力宣传无铅汽油的好处和实用性。“而且，如果测试结果不理想，难道我们再将无铅汽油从市场上撤回？”EVP质问道，“如果这样做的话，我们会受到政客和环境保护者等公共关系的强烈谴责。”

但是卡尔已经准备好了。他已经让市场部的员工确定全国测试的成本。他们得出的结论是，开展测试及修复各种公共关系的成本将为1000

万～2000万美元。预计测试显示，阿莫科将占领非常大的市场份额的概率只有20%。

基于这些信息，卡尔用图14.6示出的简单决策树归纳了自己的汇报。正如他对总裁说的那样："最后归结为一个简单的决策。你可以现在停下，什么也不做，这也就意味着你会等到政府强迫所有生产商都转换为无铅汽油为止。或者，你可以开展一次全国市场的测试，这会花费1000万～2000万美元，有1/5的机会非常成功。而'非常成功'的价值是3.6亿美元。"

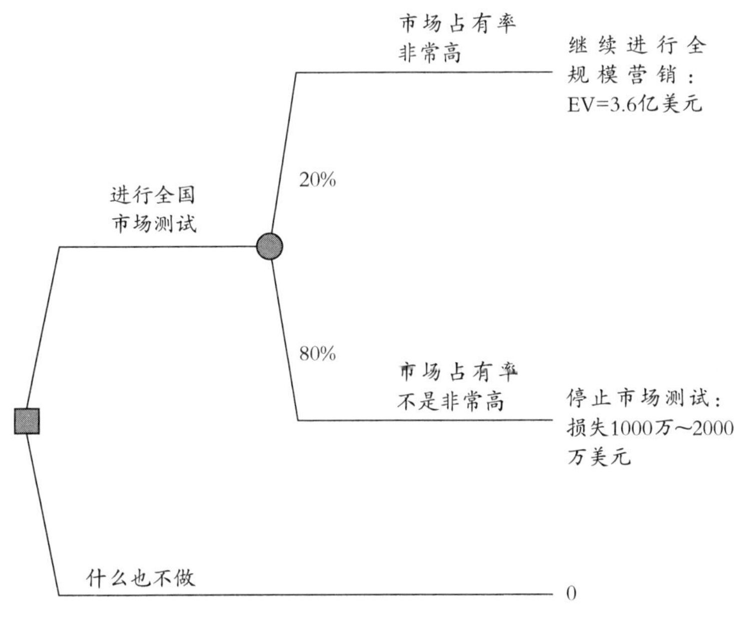

图14.6　全国市场测试的成本及可能性

市场部EVP完全不想参与这场赌博，争论说他不喜欢任何成功率低于50%的情况。总裁却有不同看法。“用1500万美元赌3.6亿美元，概率是1/5——在上游业务部分，我们一直都是这么做的。”

总裁已经准备将这个决定汇报给董事会。

底线

董事会结束后，总裁给卡尔打电话，告诉他，最终他只向董事会汇报了决策分析。问到为什么他没有用自己特别小组的成果时，他回答说：“哦，你的结果理解起来容易多了。”这与他当初的想法截然相反，他原本以为决策分析会让董事们很困惑。多亏有了决策分析，董事会清楚地明白需要做出这个重要选择，并且完全理解这个决策的价值及其相关的不确定性。在与总裁商议时，他们选择进行全国市场测试——如果只用传统分析，他们压根就不会发现这个选项。

决策分析历时两个月，而公司的特别小组则需要11个月。但卡尔因为利用了特别小组的成果，所以有很大优势。如果不是这样，卡尔预计自己的工作时间要超过三个月，因此，他得出结论，决策分析所需时间约为传统研究的1/3。花费的成本是特别小组总量的1/10。决策分析的效率更高，这是因为它承认情况中的不确定性，并且关注最相关的因素。

决策分析是非常高效的。决策分析的投资是否也很有效呢？该工作产生了一个期望值为6000万美元（0.2×3.6亿−0.8×1500万）的新选项。但这项工作的成本低于5万美元，由此得出利益成本比大于1000：1。显然，决策分析的投资的确很有效。

对卡尔来说，在阿莫科的经历既让他开拓了眼界，也打开了通往他终身事业的大门。看到取得的成果后，他下定决心将帮助高管们处理大型复杂决策和建立组织决策能力作为自己的主要事业[1]。

提高价值的数十年经验

阿莫科关于无铅汽油决策的这个故事中突出了决策分析工具。而优质决策的其他要素在卡尔开始着手工作的时候就已经理清了。问题框架已经明确，选项也已经限定。阿莫科清晰的价值度量是净现值。但是，因为不清楚不确定性将如何影响决策，董事会一直无法付诸行动。在相关和可靠信息及充分论证的帮助下，公司可以一劳永逸地解决这个决策。

阿莫科的无铅汽油决策只是一个应用实例，也是直接比较决策分析与其他类型经济分析的难得机遇。在优质决策和决策分析方面数十年的经验已经无数次证明通过更优决策，投资更佳价值的重大影响。1000：1的利益成本比对优质决策框架来说还是很常见的。其他任何商业投资都无法一如既往地交付如此可观的利益。

* * *

在阿莫科无铅决策之后的这些年里，决策分析已经无数次被应用到战略选择、组合决策、收购机会及许多其他决策情境中。领先的应用者们利用整套优质决策框架——包括优质决策六大要素、决策分析及第12章和13章中归纳的方法。最成功的应用者建立了将企业文化转变为优质决策驱动文化的组织能力。下一章将描述那是什么样的情况，以及如何实现这种成果。

注释

1. 特别感谢阿莫科的经济分析团队成员，汉克·索恩和路易斯·奇热夫斯基。他们的专业知识及好奇心为一位刚刚毕业的年轻决策分析师提供了这样开创性的机遇。

15

建立组织优质决策

如果你想改变企业文化，那就改变人们的决策方式。

——文森特·巴拉巴

“我真希望我的同行们，现场人员的领导，都跟我一起来参加优质决策培训。”一家物流公司的技术小组领导在参加完优质决策课程后说道，“我们一直在为决策争吵不休，按照完全不同的参考争论。如果我们双方都能按照优质决策的方法，我们就能站在同一立场上，比较不同的选项，而不是争论谁的想法更好。”决策专家们听到过许多类似的评论——采用优质决策作为小组及企业内的决策框架，增加了多少附加值。

即便如此，对公司决策50年的研究和观察[1]仍然记录了公司不会自然地遵循优质决策原则的事实。绝大多数公司都会偏离这些原则。实际上，这是公司行为和系统采用优质决策之间的可见鸿沟。这一差距导致浪费创造价值的机会，以及公司内沮丧和愤世嫉俗的情绪。在下述行为中可以看到这一差距的证据：

- 不良决策行为产生的沮丧情绪蔓延，因此，领导呼吁认清角色，以及能够赋予他们推翻不良决策权利的权威：“必须有人有权拍板！”
- 要求加快决策速度通常导致草率，而不是及时把握时机。
- 领导争论他们做决策是领导风格的一种体现，而不是作为找出决策情境中最高价值选项的方法。
- 基于正式权威和非正式影响的权力游戏塑造行为，决定重要决策。
- 不当的价值和错位的动机导致糟糕的选择。

作为个人来说，实现优质决策已经非常具有挑战性；而在公司中，需要与许多其他人一起合作或竞争实现优质决策，这更是难上加难。

当然，公司的决策行为各不相同。在20世纪70年代，富士施乐是当时最成功的公司之一，其推崇一种非常情绪化的文化，导致公司内部充满矛盾。他们的决策就反映了这种骚乱。在卡尔参加的一次会议上，两位副总裁用最大的声音互相争吵。在会议结束时，总裁才大声说：“好了，这是在开会！大家都是全心全意地工作！”在另一种具有强烈冲突的文化中，这种文化出现在当今一个大型科技公司，决策者不愿意与自己的决策支持团队合作。决策团队成员抱怨决策过程是“找石头”：“他们告诉我们去找块石头。我们花了几个月的时间，好不容易带回一块石头，结果，得到的答案却是‘不对，不是这块石头，再去给我找另一块石头’。要是我们能在框架上达成一致，或者，如果我们可以讨论一下选项，我们就可以不必浪费那么多时间。”这种情况下，决策者担心的却是：如果他们充分沟通，给他们太多信息，团队成员就不会自己真正地去思考。不管是富士施乐20世纪70年代的做法，还是更新的高科技公司的做法，都不会实现优质决策。实际上，大多数决策者都能观察到自己公司内部的许多行为与优质决策不协调、不一致。即使有了正确的方法和有效群体行为，群体有潜力比个人更有效，这依然是真的。

我们知道优质决策会增加特定决策的价值，不管这个决策是个人还是决策机构做出的。当一组经常一起做决策的成员采用优质决策时，优质决策的价值就会被放大，例如研发团队、公司的业务部门、政府机关或非营利组织。当优质决策成为整个企业的决策方法时，甚至可以创造更大价值。

组织优质决策

组织优质决策是什么样的？只要是广泛使用且严格实践优质决策的地方，决策的参与者就可以说：

- “我们过去经常用许多不同的方法做决策。现在我们有了统一的决策语言，并且因为清楚地知道价值，我们一直在做出高质量的决策。”
- “我们以前从来没有时间第一次就做对——却总有时间从头再来。现在我们第一次就能做对。优质决策是第二天性，决策者要求优质决策六大要素全部达到优质。决策者将每次对话都视为非常重要的增加信息的机会。”

• “我们以前常常是提议一个框架，并且期望展示者用这个框架来为自己的提案辩护，提议者与其他人争论。现在，我们利用注重优质决策的方法，共同寻找最高价值和与其他选项——而不是人——竞争的投资选项。”

要在整个公司中达到优质决策这种水平的应用，如图15.1所示，要求公司多个部门围绕组织优质决策文化密切合作。

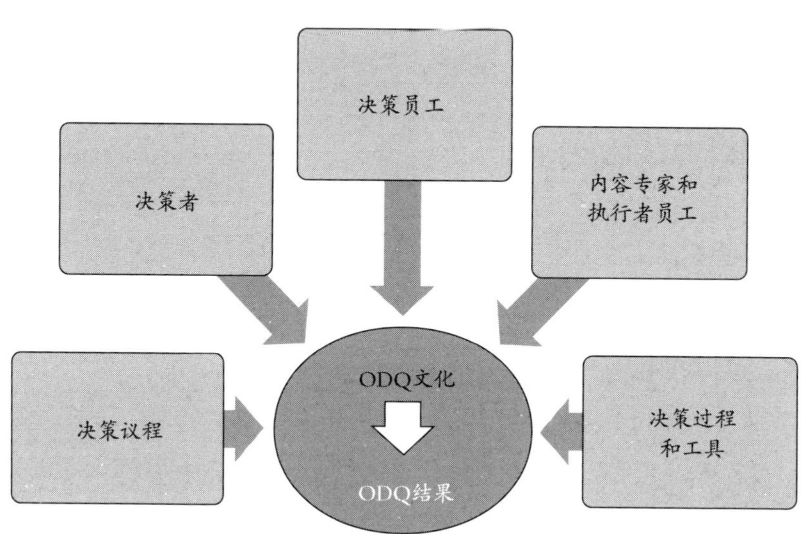

图15.1 组织优质决策组成

组织优质决策组成

组织优质决策的第一个组成部分是“决策议程”。决策议程可以帮助公司领导层预测并关注正确的决策组，并以最恰当的方式解决这些决策。这种决策的主动识别需要不断扫描趋势——竞争、科技、产品、市场、规章制度等——并且注意必须解决的内部决策。公司的每个梯队都将有自己的决策议程，因此，最高管理层选择的决策将不同于业务部门经理。决策议程是在博弈中保持领先，不会落入被动追赶模式的重要沟通和管理工具。

一旦确认议程中的决策，必须对每个决策进行诊断，从而可以选择合适的过程。这一步通过回答几个基本问题来完成，这些问题包括：应该让谁参与进来，以什么样的方式参与？这个决策应该在什么时候做出？人才和资源方面有什么要求？这是个重要决策还是战略决策？正确的决策过程是什么？

组织优质决策文化的其他关键组成包括决策参与者：决策者、决策团队（或决策支持团队）及内容专家和执行者。所有这些参与者都需要明白自己的角色，并且必须有能力承担这个角色。

主要的参与者是决策者。近年来，主流的商业过程过多地关注厘清在决策中扮演的角色。例如，读者可能很熟悉确认为“负责者”或“决策者”一方提供指导的“当责者”或“推荐者”方这种方法。不幸的是，这些方法都没有厘清决策者的中心角色：保证在决策过程中满足优质决策要素。没有其他方法可以实现优质，因为优质决策不可能在决策获得批准时检查。

对战略决策来说，决策者通常有决策专业人士的支持。决策团队的成员受过训练，可以利用本书中介绍的工具来推动决策过程。团队成员是内容专家和执行者，也是组织优质决策的核心组成部分。正如我们之前所看到的，主题专家和执行者必须以恰当的方式参与，以确保实现优质决策，并真正将其付诸行动。

组织优质决策的最后一个组成部分就是决策方法和工具，包括符合目的的工具和过程，用于有效且高效地及时做出决策。过程既包括用于重要决策的简单的优质决策考核循环，也包括用于战略决策的更严格的对话决策过程。工具有很多，从决策层次到龙卷风图，还有其他工具。具备组织优质决策的公司有许多工具，并且知道如何为每项决策挑选合适的工具。

* * *

当所有这些组件都是有效的且为创造价值的共同目标服务时，公司系统就可以自我强化了。结果就是持续的企业组织优质决策。决策不再是领导风格的问题，组织优质决策在领导层更替时仍然可以保留下来。

实现组织优质决策

在本书创作时，已经有十几家公司开始将优质决策作为公司的一项能力打造。应用优质决策的过程通常会遵循一个模式。首先，有人成为优质决策的拥护者，并且总结说公司广泛应用优质决策会大大获益。这在那种经常做高风险、大决策的决策密集型公司中经常发生。如果这个人不是决策者，他/她随后必须说服高层决策者成为先期实践者。这位决策者可能会主办一次培训课程，也可能会赞助一个示范项目。之后，就是沿图15.2所示的组织优质决策成熟曲线路径成功应用。

一个成功的示范项目通常会带来另一个优质决策项目。这一阶段称为项目优质决策，在该阶段，优质决策框架通常作为工具定期应用以解决特定类型的决策问题，如困难的战略决策。公司应用可能会在这一阶段停留一段时间。

一旦越来越多的人了解优质决策的好处，应用范围就会扩大。在应

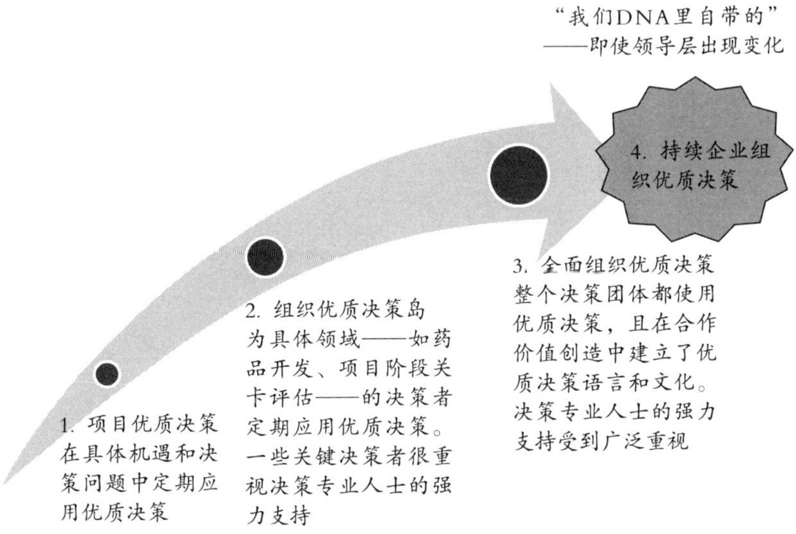

“我们DNA里自带的”
——即使领导层出现变化

4. 持续企业组织优质决策

3. 全面组织优质决策
整个决策团体都使用优质决策，且在合作价值创造中建立了优质决策语言和文化。决策专业人士的强力支持受到广泛重视

2. 组织优质决策岛
为具体领域——如药品开发、项目阶段关卡评估——的决策者定期应用优质决策。一些关键决策者很重视决策专业人士的强力支持

1. 项目优质决策
在具体机遇和决策问题中定期应用优质决策

图15.2 组织优质决策成熟曲线

用的下一个阶段，特定决策的定期应用扩大到组织优质决策几个特定岛内的公司能力——例如，研发团队可能开始将优质决策框架用于多种类型的投资决策。在组织优质决策的这些岛中，拥护者往往是那些希望决策过程更严格的技术领导。在组织优质决策的这些岛中，可以实现重要价值。有些公司在组织优质决策成熟曲线的这一水平停滞不前，尤其在整个公司由一个将决策视为一种勇气和风格的人领导的情况下。

从组织优质决策的岛前进至全面的组织优质决策是一个重大进步，但这需要自上而下的领导。当最高领导认识到，如果他们在自己的决策中应用优质决策可以做得更好，而且他们应该要求整个公司都应用优质决策时，这一进程就会发生。如果他们将优质决策应用到自己面对的重大问题中，表现出对优质决策的坚定执行，那么他们就可以要求公司的所有决策都应用优质决策——而这会带来真正的改变。需要注意的是，如果领导因为受优质决策错觉的重大偏见影响，告诉自己："我已经凭直觉做出优质决策了，不过对那些没有我这种天赋的人来说，这可能会有用。"这是不行的。

优质决策的广泛应用与优质行动初级阶段的全面质量管理（TQM）、六西格玛等情况不同。在应用全面质量管理时，最高管理层极少需要表示支持，不一定要改变其任何核心职能。相反地，组织优质决策要求那些领导核心职能及角色的重大改变。当亚洲一家大型工业集团的主席说"如果我们应用组织优质决策，我会丧失大部分权力来源。超优质决策的方向努力不适合我的独裁风格"时，这一点就变得很明显了。虽然组织优质决策并不适合所有人，但越来越多的领导意识到，这是他们希望应用的东西。许多强大的领导发现组织优质决策适合他们的协作型领导风格，允许他们充分发挥员工的才能。

应用的最后一个阶段就是持续的企业组织优质决策，当优质决策成为公司文化不可缺少的一部分时，这一步就实现了。在这一阶段，组织优质决策已经渗入所有的管理过程中，大家充分意识到优质决策的好处。公司员工现在可以说优质决策是“我们DNA里自带的”。当这一步实现时，即使领导层出现变化，构建并应用优质决策能力可能仍然可以坚定地贯彻下去。这是一个非常重要的节点。当SDG回顾各个公司在组织优质决策过程中的成败时，大部分的失败和挫折都是出现在领导层更替时。在这种情况下，即将卸任的领导是一位优质决策支持者，但新领导却想要强调他/她自己的个人决策风格。

只有少数公司实现了企业范围内持续的组织优质决策。2014年，决策专业人士协会创办了寻找此类公司的最高奖项。该奖项名为“雷法—霍华德奖”，是以决策分析的两位创建者霍华德·雷法和朗·霍华德的名字命名的。第一位获奖者是雪佛龙公司。

雪佛龙的组织优质决策之路

在那些决策密集型行业中，对于公司决策能力的需求是最大的，例如那些探索及开发石油和天然气的公司。石油和天然气公司必须在那些经济寿命周期长达30年及以上的项目上进行大量资本投资。他们在所有能想到的方面都面临不确定性：价格、政治、技术、地质。雪佛龙是在这类难度较高的投资密集型决策中应用优质决策的领导者。

雪佛龙最早开始应用优质决策是在20世纪90年代，当时，雪佛龙公司雇用SDG帮助他们完成一些重要决策和培训。优质决策的概念在该公司站稳了脚跟，这要归功于在几次重大资本决策中的巨大成功。其中一个涉及公司的一家炼油厂，这家炼油厂需要升级以保持竞争力。经过对问题进行初步考察后，有人提议在这家深陷困境的炼油厂安装一种名为“灵活焦化装置”的设备。灵活焦化装置是一种复杂设备，能够精炼各种类型的原油，同时尽可能减少不需要的残渣。

随着设计工作的推进，安装灵活焦化装置的成本从10亿美元修正为接近20亿美元。高级管理层成立了另一个项目小组，要求他们全面评估该项目的价值和风险。该项目小组利用了优质决策概念。在工作过程中，他们将框架扩大至包含与灵活焦化装置不相关的改进，并且提出了新的改进选项。

接下来，项目小组评估了原料、原油价格、汽油批发价及项目周期等变量不确定性的影响。他们用概率分析创建了每个选项的可能结果范围，以及这些结果发生的概率。现在，有了完整的风险和回报概况，雪佛龙的管理层得出结论：灵活焦化装置初始项目的风险水平是不能接受的。其他选项创造的价值更低，但风险也更小。

此时，雪佛龙决定暂时搁置项目中涉及灵活焦化装置的部分。项目小组转而依靠其他改进，成功地将成本削减了75%，同时保留了超过

50%的价值。显然，优质决策提高了这家公司重大决策中的价值。

时不时有几个项目展示出优质决策框架的价值，该公司扩大了优质决策的应用范围，通过持续多日的研讨会使公司1000多名主管和经理学会应用优质决策。数十名员工参加了决策从业者的培训及为期两周的“新兵训练营”，并在帮助解决重要的实战决策时得到指导。不久，这些培训的积极作用便显现出来。

雪佛龙的优质决策项目在20世纪90年代末终于成熟。当时，公司内部的决策专家骨干已经具备了资深能力，担任起训练其他员工的工作。2000年，当戴维·奥赖利成为公司CEO时，他要求将优质决策方法作为涉及5000万美元以上资本支出项目的标准流程。他还坚持让整个公司的决策者都获得优质决策方法证书。随后几年中，有2000多位主管参加了决策模拟研讨会。

公司内部的决策专业员工成长为200多名分散到各运营部门的从业者。其中，有半数全职投入决策分析和便利化的工作中。雪佛龙决策分析实践的领导汇报了公司取得的重大益处，包括共同的语言、共同的期望、对好的决策工作内容的理解，以及决策董事会上对有效对话准备更充分的决策者。公司继续引进价值追踪系统，用于在随着时间推移，每项决策的价值真正实现时，比较价值预期。

尽管最高层领导几次更迭，但组织优质决策仍然在雪佛龙成功延续下来并发展壮大。每年超过400亿美元的项目研发让公司主管明白，他们的决策必须是最高质量的。那么，2014年雪佛龙荣获首届雷法—霍华德奖也就不足为奇了。

迈出第一步

想要建立优质决策的公司通常起步的方式与雪佛龙相同：从几个应用项目和一些培训开始。想要在自己公司推广优质决策的个人会找一位正面临备受关注的艰难决策问题的决策者。这个困难的应用项目就成为优质决策的试验场，让决策者有机会看看行动中的优质决策概念，增加决策价值。对首次应用来说，很重要的一点就是与非常精通优质决策方法的决策专业人士协作。这个项目成功后，加上对关键决策者和项目小组成员的一些培训，就为更广泛地应用优质决策，通过更好的决策过程获得更大价值奠定了舞台。公司可以监测自己在组织优质决策成熟曲线上的进程，追踪自己是否成功达成组织优质决策的各组成部分。

＊＊＊

迈向组织优质决策的第一步总是从个人推动开始。本书最后一章为那些愿意踏上优质决策征程的读者提供了最后的建议。

注释

1. 例如，参见Zur Shapira，ed.，*Organizational Decision Making*（New York：Cambridge University Press，1997）。

16

踏上优质决策征程

千里之行，始于足下。

——老子

每一次认真的改进都是一次征程。在这条路上，态度和期许都会改变。过时的旧习惯和做法被抛到一旁，为新的、更好的习惯和做法让路。新技能是习得的。但是，遭遇坎坷和阻碍是不可避免的，我们会时不时地偏离正道，耽搁行程。但每一次成功，哪怕只是很小的成功，都会指引我们走向更好的地方。优质决策的征程——使优质决策成为习惯、成为公司能力的冒险——也不例外，但最终的回报会让一切都值得。

＊＊＊

本书提供推进优质决策征程需要理解的内容，并且解释了好的决策和好的结果之间的重要区别，展示了优质决策的六大要素——合适的框架、创造性的选项等。目标是每项要素都达到100%——不值得花费时间和资源做更多的点。一旦我们六大要素全部达到100%，我们就可以自信地做出决策，知道不管最后的结果如何，我们都已经做出了优质决策。优质决策让我们在面对不确定性时可以保持内心平静。

在旅途中，复杂性和不确定性必然会考验我们作为决策者的勇气。各章中提供了一些工具——决策层次、决策树、关联图、龙卷风图等——可以帮助我们控制重要决策和战略决策中的复杂性和不确定性。同样具有挑战性的还有我们每个人在工作过程中所带的偏见。这些错误想法扭曲我们的观点，影响我们的判断。我们可能会认为自己：

- “我已经是一个很厉害的决策者了。我只需要跟着自己的感觉走就行了。”
- “我们考虑的第一个选项已经足够好了。就定它吧，我们果断一点。”
- “大家都统一选C，所以显然这就是最佳选择。”

如果我们被以上任意一种想法诱惑，我们的决策就不会是高质量的，但如果我们多加注意，采取本书中概述的预防性措施，我们就可以避开途中的许多决策陷阱。

一个重要的预防措施就是利用旨在帮助我们到达优质决策终点的诸多方法之一。优质决策考核循环是一种快捷、重复过程，是我们制定许多重要决策的理想工具。对话决策过程是决策者和项目小组成员之间的系统协商对话，可以在全公司的利益相关者之间达成一致。决策专业人士经常在面临高风险、高数额战略决策的公司中应用对话决策过程并取得良好成果。当正确的人加入对话决策过程时，我们就明确了最佳选项，并建立起责任感，从而避免执行过程中经常出现的决策失败。

接下来该怎么做

理解一件事情往往比做容易得多。当我们想要改变长期以来的决策习惯时尤其是这样。作为经验丰富的决策者，我们经常自信满满，对自己做事的方式深信不疑。即使是在个人决策中执行优质决策都是一项挑战，但是，一旦我们做到了，并且从思想上向优质决策转换，我们就不会再回头。当我们有了可以大大增加我们真正想要的东西的方法时，我们就不会满足于“足够好”。

那么，应该从何处开始呢？很多人都是从应用优质决策，提高自己的决策开始。可以从一个不是很复杂的重要决策开始，从利用优质决策考核循环开始。必要时，其他有经验的优质决策实践者——可能甚至是公司的决策专业人士——可以在信息、决策树等方面为你提供帮助。随着我们逐渐建立自信、学会各项技能，就可以解决越来越复杂的决策。

优质决策很像是卡耐基音乐厅；通往那里的途径就是练习、练习、再练习。

那些已经习惯使用优质决策的人，以及寻求资深专业人士指导的人，既学会自己的技能，也学会那些与他们一起参与决策的人的技能。

一个训练有素的人既能将优质决策应用在工作上，也能应用在面临艰难的个人及生活抉择的家人和朋友中。想象一下优质决策能够给关于医疗问题、大学和职业选择、重要消费、家中老人，甚至是生活伴侣的决策带来的价值。机遇——以及潜在价值——是无穷的。

如果我们想在公司中改变涉及他人的决策，我们必须鼓励他们学习优质决策，并将其用在我们一直制定的决策上。在优质决策专家的帮助下解决一个艰难的决策，这样不仅可以为公司创造价值，还可以打破大家普遍抱有的人天生就是好的决策者的危险错觉。一旦认识到优质决策的价值，公司能力可以进一步开发，成功的应用可以进一步扩展，或许甚至可以像上一章讲的那样，实现组织优质决策。

要拓展优质决策技能，有许多资源可以利用。SDG会召开在线研讨会和主管介绍会，并提供面对面和在线培训（www.sdg.com）。SDG还提供战略决策咨询支持，以及针对希望学习决策专业人士分析工具和催化领导能力的决策支持员工的高级培训。决策专业人士协会（www.decisionprofessionals.com）提供关于优质决策实践者群体的信息，并颁发组织优质决策雷法—霍华德奖。斯坦福大学的战略决策和风险管理证书课程（strategicdecisions.stanford.edu）提供针对领导和实践者的培训。最后，决策教育基金会（www.decisioneducation.org）秉承其“更优决策、更好生活”的宗旨，提供资源和志愿者机会，向年轻人传授决策技巧。

* * *

对一些读者来说，优质决策框架将填补他们一直希望填补的空白。那些被优质决策的力量感动的人经常说："这真的是我一直在努力追寻的；只是我没有完整的框架。我真希望能早点知道优质决策。"这些热心人将加入优质决策拥护者的行列中，他们正努力让优质决策的常识真正成为实践惯例。这些拥护者与作者及在SDG和决策专业人士协会的同事们共同努力，有潜力通过为个人和家庭、商家和公司及整个社会做出更优决策来让这个世界变得更美好。

* * *

作者谨在此祝各位旅途成功！

参考文献

1. Ariely，Dan. *Predictably Irrational：The Hidden Forces that Shape Our Decisions*. HarperCollins Publishers，2008.

2. Beshears，John，and Francesca Gino. “Leaders as Decision Architects”. *Harvard Business Review*，May 2015：51–62.

3. Barabba，Vincent P. “Adopting the Decision Quality Process through Reinvention”. Paper presented at the Planning Forum International Conference，Toronto，ON，Canada，April 1991. Available for download at www.sdg.com.

4. Burton，Robert A.. *On Being Certain：Believing You Are Right Even When You're Not*. New York：St. Martin's Press，2008.

5. Dorsey，Jack. Interview by Kai Ryssdall. Marketplace，podcast audio，May 21，2015.http：//www.marketplace.org/shows/marketplace/marketplace-thursday-may-21-2015.

6. Eddy，David M. “Probabilistic Reasoning in Clinical Medicine：

Problems and Opportunities." *In Judgment under Uncertainty: Heuristics and Biases*, edited by Daniel Kahneman, Paul Slovic, and Amos Tversky. Cambridge, UK: Cambridge University Press, 1982.

7. Gladwell, Malcolm. *Blink: The Power of Thinking Without Thinking*. New York: Little, Brown and Company, 2005.
8. Hammond, John S., Ralph L. Keeney, and Howard Raiffa. *Smart Choices: A Practical Guide to Making Better Decisions*. New York: Broadway Books, 1999.
9. Heath, Chip and Dan Heath. *Decisive: How to Make Better Choices in Life and Work*. New York: Crown Business, 2013.
10. Howard, Ronald A. "Decision Analysis: Applied Decision Theory". *Proceedings of the Fourth International Conference on Operational Research*, edited by D. B. Hertz and J. Melese, 55–71. New York: Wiley-Interscience, 1966.
11. Howard, Ronald A. "Making Good Decisions." Interview by Justin Fox. *Harvard Business Review IdeaCast*, podcast audio, November 20, 2014. https://hbr.org/2014/11/making-good-decisions.
12. Howard, Ronald A., and Ali E. Abbas. *Foundations of Decision Analysis*. Pearson Education, 2016.
13. Hubbard, Douglas W.. *How to Measure Anything: Finding the*

Value of "Intangibles" in Business. Hoboken, NJ: John Wiley & Sons, Inc., 2010.

14. Kahneman, Daniel. *Thinking, Fast and Slow*. New York: Farrar, Straus and Giroux, 2011.
15. Klein, Gary. *The Power of Intuition: How to Use Your Gut Feelings to Make Better Decisions at Work*. Doubleday, 2003.
16. Matheson, David, and Jim Matheson. *The Smart Organization: Creating Value through Strategic R&D*. Boston: Harvard Business School Press, 1998.
17. Mauboussin, Michael J.. *Think Twice: Harnessing the Power of Counterintuition*. Harvard Business Press, 2009.
18. McNamee, Peter, and John Celona. *Decision Analysis for the Professional*. 4th ed. SmartOrg, 2008.
19. Michalko, Michael. *Cracking Creativity: The Secrets of Creative Genius*. New York: Ten Speed Press, 2001.
20. Nutt, Paul. *Why Decisions Fail: Avoiding the Blunders and Traps that Lead to Debacles*. San Francisco: Berrett-Koehler Publishers, Inc., 2002.
21. Osborn, Alex F.. *Applied Imagination: Principles and Procedures of Creative Thinking*. Charles Scribner' s Sons, 1953.
22. Parnell, Gregory S., Terry A. Bresnick, Steven N. Tani, and Eric R.

Johnson. *Handbook of Decision Analysis*. Hoboken，NJ：Wiley，2013.

23. Rosenzweig，Phil. *The Halo Effect：... and the Eight Other Business Delusions That Deceive Managers*. New York：Free Press，2007.
24. Russo，J. Edward，and Paul J. H. Schoemaker. *Decision Traps：The Ten Barriers to Brilliant Decision-Making and How to Overcome Them*. New York：Fireside，1990.
25. Shapira，Zur，ed. *Organizational Decision Making*. New York：Cambridge University Press，1997.
26. Slovic，Scott，and Paul Slovic. *Numbers and Nerves：Information，Emotion，and Meaning in a World of Data*. Corvallis，OR：Oregon State University Press，2015.
27. Spetzler，Carl S. "Improving the Quality of Management Decisions". Paper presented at the Planning Forum International Conference，Toronto，ON，Canada，April 1991. Available for download atwww.sdg.com.
28. Stanovich，Keith. *Rationality and the Reflective Mind.* New York：Oxford University Press，Inc.，2011.
29. Sunstein，Cass R.，and Reid Hastie. *Wiser：Getting Beyond Groupthink to Make Groups Smarter*. Boston：Harvard Business Review Press，2015.
30. Tetlock，Philip E.，and Dan Gardner. *Superforecasting：The Art*

and Science of Prediction. Crown Publishers，2015.

31. Thaler，Richard H.，and Cass R. Sunstein. *Nudge：Improving Decisions about Health，Wealth，and Happiness*. Rev. and exp. ed. Penguin Books，2009.
32. Welch，Suzy. *10-10-10：A Fast and Powerful Way to Get Unstuck in Love，at Work，and with Your Family*. New York：Scribner，2009.

作 者 简 介

卡尔·斯佩茨勒博士是SDG主席兼CEO。作为一名从业40余年的咨询师和教育家，卡尔执行优质决策并改善战略管理过程，帮助企业领导克服缺少明确战略选项的问题，解决长期不确定性和风险的复杂性，实现持久改变。他任职于伊利诺伊理工大学（IIT）信托委员会，同时也是决策教育基金会主管。卡尔荣获美国运筹学和管理学委员会（INFORMS）决策分析委员会颁发的本领域终身贡献最高荣誉奖——拉姆赛奖章。他还因为领导斯坦福研究院（SRI）的决策分析发展及其在推动美国金融服务业一项彻底改变中的关键角色被推选进入斯坦福研究院名人堂。因为在企业风险管理方面的成就，卡尔入选《财务与风险》（*Treasury & Risk*）杂志评选的100位对金融最有影响的人物。卡尔是战略决策和风险管理证书课程的课程主管，该课程是由SDG与斯坦福大学职业发展中心联合开设的教育项目。他一直就读于伊利诺伊理工学院，1963年获得化学工程理学学士学位，1964年获得工商管理硕士，1968年获得经济与工商管理博士学位。他是决策职业人士协会的会员、创办者及第一任会长。

汉娜·温特是SDG的合伙人，在SDG担任战略咨询师和教育家已经超过20年。她联合主持SDG的高管教育实践，针对该实践，她开发并主导旨在建立个人优质决策和风险管理能力的课程和教育项目。她负责监管公司与斯坦福大学职业发展中心联合开设的“战略决策和风险管理”合作教育项目。在她的领导下，该项目已经有8000多名学生及1000多名毕业生。此外，数十家技术、生命科学及能源企业已经将SDRM课程包含在自己内部的培训课程中。她经常针对国际受众通过演讲和展示介绍优质决策的原则及其在商业背景下的应用。在与斯坦福共同发起SDRM项目之前，汉娜帮助财富100强公司开发并执行有关企业、业务部门及技术等级的更优决策。她为各个行业的公司开发业务、推广营销战略，包括汽车、消费性电子产品、通信、油气和公用事业等。汉娜毕业于斯坦福大学，1986年获得理学学士学位，1987年获得电子工程理学硕士学位，1992年工商管理硕士毕业。她也是决策专业人士协会的会员。

珍妮弗·迈耶博士担任SDG的客户领导已经超过20年。她为油气、运输、生产制造和技术行业公司提供战略发展、经济评估及业务组合建模等方面的支持。珍妮弗专门研究技术复杂分析和公司复杂调整过程。她还领导针对愿意在内部提高决策技能、建立组织优质决策的公司的培训项目。通过更优战略决策，她在公司内的参与为公司带来了数亿美元的附加值。她与小组的合作为实现最高价值选择创造了更完善的决策过程和更好的决策方法。珍妮弗经常受邀在专业会议和企业决策会议上介绍优质决策及相关话题。加入SDG之前，她

作者简介

曾是内布拉斯加-林肯大学工商管理学院的助教。她在1984年获得德雷克大学数学和物理学士学位，并分别于1986年和1989年获得斯坦福大学运筹学理学硕士学位和博士学位。她也是决策专业人士协会的会员。

优质决策资源

本书中描述的几种工具都可以从SDG免费获得。访问SDG网站进行下载：

- 优质决策链
- 优质决策滑动标尺
- 对话决策过程图
- 决策者的权利清单

还可以找到讲师简历、课程、文章在线研讨会及其他资源。

SDG提供咨询和培训，帮助公司从最重要的决策中获得最大价值。

www.sdg.com/DecisionQualityBook